NIEDERSACHSEN
Weser
Göttingen
10
Hann. Münden
Kassel
9
Werra
Fulda
8
Fritzlar
Eschwege
Eder
THÜRINGEN
Keller-
wald
Eisenach
Erfurt
Knüll
Bebra
7
Bad Hersfeld
Stadtallendorf
Fulda
SSEN
Lauterbach
Fulda
Wasserkuppe
6
950
5
Vogels-
768
berg
Rhön
Büdingen
4
Gelnhausen
BAYERN
Spessart
Aschaffenburg
Main
Bamberg
Würzburg
3 = Kapitel
0 10 20 30 40 50 km
BADEN-
WÜRTTEMBERG
© KARTOGRAPHIE Peh & Schefcik, Eppelheim
(ebenso alle Kapitelkarten)

Kristiane Müller-Urban und Eberhard Urban

Zeit zu zweit in Hessen

Die schönsten Orte und Ausflüge für Verliebte

SOCIETÄTS VERLAG

Die Angaben und Informationen in diesem Buch sind aktuell recherchiert und vor Drucklegung sorgfältig überprüft worden. Trotzdem ist darauf hinzuweisen, dass sich Telefonnummern, Öffnungszeiten und andere Angaben im Lauf der Zeit ändern können.

TIPP
Die in diesem Buch erwähnten Hotels bieten verschiedene Arrangements (Übernachtung, Candlelight-Dinner, Wellness u. a.) für Paare an. Preisbewusste Leserinnen und Leser finden im Internet günstige Angebote, die oft außerhalb der Saison oder an Wochenenden gültig sind.

Satz: Nicole Ehrlich, Societäts-Verlag
Umschlaggestaltung: Nicole Ehrlich, Societäts-Verlag
Umschlagabbildung: © mahey - Fotolia.com
Bild auf S. 2: Dr. Arnulf Müller
Karten: Peh & Schefcik
Druck und Verarbeitung: CPI – Ebner & Spiegel, Ulm
Printed in Germany 2013

ISBN 978-3-95542-044-4

Inhalt

Vorwort

Für Verliebte, Verlobte & Verheiratete

Dieses neue Buch setzt den Erfolg des regionalen Bestsellers „Hessen für Verliebte“ fort – mit einer neuen Konzeption.

Die 20 Kapitel umfassen je eine hessische Teilregion und offenbaren eine Auswahl von Aktivitäten und Attraktionen, die sich für einen Ausflug oder einen kurzen oder längeren Urlaub anbieten. Deshalb haben wir meist ein besonderes Hotel als Mittelpunkt empfohlen, das selbst vielerlei Möglichkeiten für Genuss, Ruhe, Sport, Wellness und einmalige Hochzeitsfeiern bietet und als Ausgangspunkt für interessante und romantische Ausflüge dient.

Liebe geht durch den Magen. So wird eine Auswahl an Gaststätten, Restaurants und Bars vorgestellt. Wie bei den Hotels haben wir auch hier auf ein geschmackvolles Niveau geachtet.

In diesem neuen Buch werden wieder entzückende und bezaubernde Liebesgeschichten erzählt. Die Liebenden sind historische Personen wie Goethe oder märchenhafte Figuren wie Dornröschen – deren Schicksal wird an den Orten des Geschehens zum Erlebnis.

Hessen, im Herzen Deutschlands und Europas gelegen, erweist sich von der Weser bis zum Neckar, vom Rhein bis zur Rhön als ein liebenswertes Land, das voller Überraschungen steckt. All denen, die geholfen haben, all dies zu entdecken und Ihnen zu empfehlen, sei herzlich gedankt.

Die Autoren und der Verlag

Frankfurt am Main

Wolkenkratzer und GrünGürtel

Die Highlights: Gerbermühle und Villa Kennedy, Goetheruh und Goethestraße, Museumsufer und Café Laumer, Schiffe und schwimmende Donuts, Wellness und Beauty für sie und ihn.

Frankfurt ist eine zugleich altehrwürdige und moderne Stadt. In dieser Stadt hat die Langeweile keine Chance. Tausendfältig sind die Möglichkeiten, zu zweit Spiel und Spaß zu erleben, sich an Natur und Kultur zu erfreuen. Wer von Frankfurt nur die Skyline kennt, die in Europa einmalig ist, sollte das Frankfurter Grün kennenlernen, das nicht nur in der berühmten Grünen Soße zu finden ist. So ist die Stadt ein Paradies für genussfrohe Flaneure, Wanderer und Radfahrer.

Dass Frankfurt auch eine Stadt der Liebe ist, beweist die Liebesgeschichte mit dem berühmtesten Frankfurter in einer Hauptrolle.

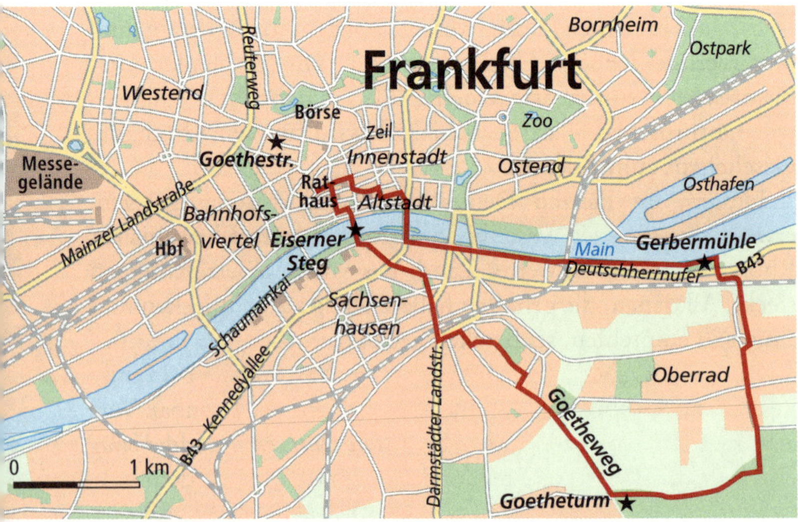

Marianne und Goethe

In „Dichtung und Wahrheit" erzählt Johann Wolfgang Goethe: „Am 28. August 1749, mittags mit dem Glockenschlage zwölf, kam ich in Frankfurt zur Welt." Das Geburtshaus und der anschließende Neubau im Großen Hirschgraben sind heute Goethe-Haus und Goethe-Museum. Eine poetische Wanderung beginnt hier, die durch Frankfurt und seine Natur führt. Der elf Kilometer lange Rundwanderweg ist ausgeschildert mit der Zeichnung von Goethes Kopf mit Schlapphut, wie sie der große Hans Traxler nach dem Tischbein-Gemälde im Städel Museum gefertigt hat.

Der Weg führt zum Römerberg, zum Dom, nach der Mainüberquerung auf der Alten Brücke geht es nach links am Mainufer entlang; schon immer ein beliebter Weg für Goethe, andere Frankfurter und ihre Gäste. So gelangen Sie zur Gerbermühle.

„Von der Isar bis zum Rhein / Mahlen manche Mühlen / Doch die Gerbermühl am Main / Ist's wohin wir zielen."

Bei des Dichters Reise an Rhein und Main 1814/15 weilte er öfters in der Gerbermühle, dem Sommerhaus des Bankiers und Geheimen Rats Johann Jacob von Willemer. Goethe genoss auch die Gunst der Frau Maria Anna Katharina Theresia Willemer, genannt Marianne. Sie war im blühenden dreißigsten Jahr, Goethe schwärmte: „Hüfte schmal, der Leib so rund / Wie zu Paradieses Lüsten." Goethe und Marianne dichteten auch zusammen, viele Verse in der Sammlung „West-östlicher Divan" stammen von ihr – wie diese, die Suleika spricht: „Nimmer will ich dich verlieren! / Liebe gibt der Liebe Kraft. / Magst du meine Jugend zieren / Mit gewaltger Leidenschaft. / Ach! wie schmeichelt's meinem Triebe, / Wenn man meinen Dichter preist. / Denn das Leben ist die Liebe, / Und des Lebens Leben Geist."

Die Gerbermühle ist ein beliebtes Ausflugsziel mit Sommergarten (geöffnet Mo. – Fr. ab 14 Uhr, Sa., So., Feiert. ab 11.30), Restaurant (geöffnet tägl. 11.30 – 23 Uhr), Hotel, Turmbar. Von hier geht der Goethe-Wanderweg durch die Gemüsefelder von Oberrad, durch den Stadtteil hindurch zum Wald mit dem hölzernen Goetheturm im Waldspielpark. Der 43 Meter hohe Turm

Die romantische Gerbermühle

wurde 1931 errichtet, 196 Stufen führen zur Aussichtsplattform. Ein Stück nördlich erhebt sich ein kleiner Aussichtshügel, der Goetheruh genannt wird. Hier soll sich der Dichter ausgeruht haben, als er eines Nachts von seiner Liebsten Lili in Offenbach kommend einen Abstecher machte – trunken vor Glück.

„Goetheruh" heißt auch das Restaurant, Bistro, Café und Gartenlokal (März – Okt. Mo. – Fr. 12 – 19 Uhr, Sa., So. 11 – 20 Uhr) am Goetheturm und vor dem Waldspielpark. Im Dezember findet hier am Goetheturm im Wald ein entzückender Weihnachtsmarkt mit Krippe und echten Schafen statt.

Der Goetheweg führt nun hinab nach Sachsenhausen, wo am Ende des Hühnerwegs das Türmchen des Willemer-Häuschens aufragt. Es ist von Ostern bis Mitte Oktober sonntags von 11 bis 16 Uhr zu besichtigen. Goethe weilte mit Marianne oft hier.

Über den Eisernen Steg geht der Goetheweg zurück, der unterwegs an zahlreichen Sehenswürdigkeiten vorbeiführt.

info@infofrankfurt.de
www.frankfurt.de
www.frankfurt-tourismus.de

Gerbermühle
Sommergarten, Restaurant,
Hotel, Turmbar
Gerbermühlstraße 105
60594 Frankfurt am Main
Tel. 069/77 79 0
info@gerbermuehle.de
www.gerbermuehle.de

Lebenslust im Luxus – Die Villa Kennedy
Durch ein glückliches Geschick fügt sich in der Villa an der Kennedyallee alles zusammen, was gut und schön ist und das Leben bereichert. Der traditionsreichen Villa Speyer aus dem Jahr 1904 wurden drei neue Gebäude angefügt. Die 163 Zimmer und Suiten des Fünf-Sterne-Hotels lassen keinen Wunsch offen. Sieben Tagungsräume und ein 326 Quadratmeter großer Ballsaal laden zu allen möglichen Veranstaltungen ein. Der malerische Garten ist 700 Quadratmeter groß, grenzt an das italienische Hotelrestaurant Gusto an; bei schönem Wetter kann im Grünen gespeist werden oder im schönen Innenhof. Das elegante Restaurant mit seiner exquisiten Speise- und Weinkarte dient den Hotelgästen und allen Besuchern.

Auch die JFK's Bar ist für alle da. Die drei separaten Bereiche sind täglich von 9 bis 1 Uhr geöffnet. Am Freitag und Samstag sorgt ein DJ für die guten Töne.

Noch ein Grund, warum Frauen und Männer von weit her in die Villa Kennedy kommen: das Villa Spa mit 1.000 Quadratmetern. Wer kein Hotelgast ist, kann mit einer Tageskarte oder verschiedenen Mitgliedschaften die diversen Angebote nutzen. Das Villa Spa, geöffnet täglich von 6.30 bis 22 Uhr, ist ausgestattet mit einem 125-Meter-Pool mit Whirlpool und Entspannungsliegen, mit finnischer Sauna und Dampfbad, Ruheraum mit verschiedenen Getränken, Fitnessraum mit Geräten, Yoga- und Pilates-Raum, es gibt acht Behandlungsräume und drei Maniküre-Stationen.

Der schöne Innenhof der Villa Kennedy

Das Spa mit seinen Angeboten kann auch zur Vorbereitung einer Hochzeit genutzt werden. Für alles andere sorgen dann die freundlichen Menschen der Villa Kennedy. Ob kleine oder große Feier, alles wird zuverlässig von der Hochzeitsplanerin arrangiert – zum Beispiel die Einladungen, die Trauung, die Hochzeitstorte, die weißen Tauben, die Musik, das Zimmer für die Hochzeitsnacht.

Die Villa Kennedy, verkehrsgünstig südlich des Mains gelegen, wenige Minuten vom Hauptbahnhof entfernt, ist Ausgangspunkt vieler Ausflüge. Das Museumsufer mit seinen vielen Museen beginnt gleich um die Ecke. Die Innenstadt von Frankfurt und der Stadtwald, Teil des GrünGürtels, sind nicht weit.

Villa Kennedy
Kennedyallee 70
60596 Frankfurt am Main
Tel. 069/71 71 20
info.villakennedy@roccoforte-hotels.com
spa.villakennedy@roccoforte-hotels.com
www.gustorestaurant.de
www.villakennedyhotel.de

Der Teufel trägt Prada

Und mancher Engel tut es auch. Selbstverständlich gibt es in Frankfurt Prada zu kaufen – in der Goethestraße, die sich vom Rathenauplatz, auf dem das Denkmal für Goethe steht, bis zum Opernplatz mit der Alten Oper erstreckt. Hier können Verliebte einen Einkaufsbummel machen, sich mit den schönen Dingen des Lebens beschenken. Einige der verführerischen Namen in der Goethestraße: Gucci, Hermès, Versace, Chanel, Armani, Tiffany (ohne Frühstück), Bulgari, Cartier, Wempe, Lalique.

Die Fressgass, Einkaufsstraße mit Gaststätten und Restaurants, führt vom Opernplatz zurück zur Hauptwache, wo die Zeil beginnt. Die 700 Meter lange Fußgängerzone bis zur Konstablerwache ist als umsatzstärkste Einkaufsmeile Deutschlands bekannt. Modehäuser, Kaufhäuser, die Zeilgalerie, MyZeil und viele andere Geschäfte bieten an, was das Herz begehrt und das Portemonnaie oder die Kreditkarte erlaubt.

www.goethestrasse-frankfurt.de
www.zeil-online.de

Etwa in der Mitte der Zeil führt die Stiftstraße nach Norden. Hier ist das Spezialgeschäft InsideHer ansässig. In einem lichten Ladengeschäft gibt es exklusive Dessous, Korsetts, Clubwear,

Die Goethestraße verführt zur Einkaufslust

High Heels, Körperpflegeprodukte und eine große Auswahl aufregender Erotic Toys.

Das Geschäft, in dem auch Veranstaltungen stattfinden, ist von Montag bis Samstag von 11 bis 20 Uhr geöffnet.
www.erotischesfuerfrauen.de

Ich schau dir in die Augen, Kleines

Das sagt Humphrey Bogart zu Ingrid Bergmann in der deutschen Version des Films „Casablanca". Eine Bar namens Rick's gibt es nur in Casablanca. Dafür gibt es in Frankfurt viele berühmte Bars, in denen Verliebte sich bei Cocktails in die Augen schauen. Die JFK's Bar in der Villa Kennedy, die Turmbar in der Gerbermühle wurden schon erwähnt.

Im Parterre die Bar

Die 1911 in Paris gegründete Harry's New York Bar, die Amerikanern in Paris wie Hemingway und Humphrey Bogart ein Stück Heimat vermittelte und in der solche Cocktails wie die Bloody Mary gemixt wurden, hat gestattet, dass die Bar im markanten Hochhaus von Lindner Hotel & Residence Main Plaza in Sachsenhausen in der Nähe des Mainufers auch Harry's New York Bar heißt (geöffnet tägl. 18 – 3 Uhr). In der Davidoff Lounge kann geraucht werden. Live Music gibt es auch.

Harry's New York Bar
Walther-von-Cronberg-Platz 1
60594 Frankfurt am Main
Tel. 069/6 64 01 42 01

Wer beim Flirten und beim Schlürfen der Cocktails auf die Alte Oper hinabblicken will, umgeben von den Wolkenkratzern der Banken, besucht die 22nd Lounge & Bar (geöffnet Mo. – Sa. 18 – 1 Uhr) in der 22. Etage des Hotels Innside Frankfurt Eurotheum im Bankenviertel.

Gegenüber der Messe, deswegen gern auch von Messegästen besucht, lädt die berühmte Jimmy's Bar (geöffnet tägl. 20 – 4 Uhr) im Hotel Hessischer Hof mit ihrem eleganten Ambiente ein. Täglich gibt es Pianomusik live von 22 bis 3 Uhr. Die Küchenmannschaft ist bis in die frühen Morgenstunden tätig.

22nd Lounge & Bar
Neue Mainzer Straße 66-68
60311 Frankfurt am Main
Tel. 069/21 08 80
www.innside.de

Jimmy's Bar
Friedrich-Ebert-Anlage 40
60325 Frankfurt am Main
Tel. 069/75 40 0
www.hessischer-hof.de

Astor Film Lounge

Filmgenuss der neuen Art bietet die Astor Film Lounge hoch über den Dächern von Frankfurt. An der Garderobe gibt es zur Begrüßung einen Drink, im Saal stehen bequeme, verstellbare Sessel in großem Abstand. Für einen romantischen Filmgenuss zu zweit steht eine Lounge zur Verfügung. Das Servicepersonal bringt feines Fingerfood und Getränke aller Art an jeden Platz. Außer Filmen stehen auch Live-Übertragungen von Opern, Ballett und Konzerten auf dem Programm. Auf Wunsch wird der Lieblingsfilm aufgeführt, zum Beispiel „Casablanca".

Astor Film Lounge
Zeilgalerie
Zeil 112-114
60313 Frankfurt am Main
Tel. 069/9 28 83 48 28
info@frankfurt.astor-filmlounge.de
www.frankfurt.astor-filmlounge.de

Nizza und anderes Frankfurter Grün

Der mediterrane Großgarten am rechten Mainufer zwischen Friedens- und Untermainbrücke heißt „Nizza" und lädt ein, zwischen Palmen und anderen exotischen Gewächsen zu spazieren und zu verweilen.

Etwa vier Kilometer lang ist der Anlagenring, der die Innenstadt umkränzt. Auf den Flächen der ehemaligen Wallanlagen wurden Gärten und Parks angelegt, die bis heute mit vielen Brunnen, Skulpturen und Denkmälern geschmückt wurden. Der Anlagenring kann in Etappen ergangen werden, Haltestellen von U- und S-Bahn sind immer in der Nähe. Der Anlagenring beginnt am Schauspielhaus, führt an Wolkenkratzern, der Alten Oper und an anderen Sehenswürdigkeiten vorbei und endet am Literaturhaus an der Ignatz-Bubis-Brücke.

Auf etwa 8.000 Hektar (das sind 80.000.000 Quadratmeter), einem Drittel der Stadtfläche, gibt es Wiesen, Felder, Parks mit Spiel- und Sportanlagen, Gärten, Auen, Wälder. Die vielfältigen Landschaften umgeben die Stadt und verbinden die äußeren Stadtteile, bilden den GrünGürtel, der zugleich wie der Mainuferweg Teil des Regionalparks RheinMain ist. Viele Wege für Spaziergänger, Wanderer, Radler, Reiter gehen durch den GrünGürtel.

www.umweltfrankfurt.de

www.gruenguertel.de

www.regionalpark-rheinmain.de

Das Nizza in Frankfurt

Steig in das Traumboot der Liebe

Lebenslust und Liebe gibt es an Land und auf den Wellen des Wassers. Am Eisernen Steg am rechten Mainufer legen die fünf schönen Schiffe der weißen Flotte Frankfurts zu ihren Fahrten ab. Das vielfältige Fahrtenprogramm führt auf der kleinen Rundfahrt zur Gerbermühle, Schiffsausflüge haben Seligenstadt und Aschaffenburg zum Ziel, oder Rüdesheim und weiter zur Loreley, Fahrten gehen nach Heidelberg. Reizvoll sind After-Work-Shipping und Salsa-Fahrten, romantische Riversight-Dinner und Feuerwerksfahrten, spannend sind die Ausflüge mit dem Krimi-Schiff, zauberhaft die Fahrten des Zauber-Schiffs, märchenhaft das Programm Weihnachtissimo.

BBQ-Donuts sind schwimmende Grillboote mit Motor

In der Sommerzeit gibt es einen neuen Partyspaß. Runde Boote mit Sonnenschirm, Grill an Bord und Benzinmotor fahren ab Bootshaus „D3“ am Sachsenhäuser Ufer auf dem Main. Die Boote heißen ihrer Form und Funktion wegen BBQ-Donuts. Die Donuts haben einen Durchmesser von 3,5 Metern und bieten Platz für zehn Personen einschließlich des Bootsführers und können stundenweise, auch von Paaren, gebucht werden.

Primus-Linie
Frankfurter Personenschifffahrt
Eiserner Steg
Tel. 069/1 33 83 70
mail@primus-linie.de
www.primus-linie.de

Main-BBQ
Volker Ebert
Tel. 0 60 39/4 67 88 12
info@main-bbq.de
www.main-bbq.de

Helden am Herd

Statt für den liebsten Menschen stundenlang in der Küche zu stehen oder zu zweit Küchendienst zu leisten, kommt der Held am Herd ins Heim und zaubert nach Ihren Wünschen ein Menü. Falls Sie mit Gästen feiern wollen – zum Beispiel eine Verlobung – sorgt der Held am Herd für den kulinarischen Höhepunkt im Großraum Frankfurt/Offenbach. Der Privat- und Mietkoch Thomas Wagner hat schon in Erno's Bistro, im Knoblauch und in anderen bekannten Restaurants gekocht und gibt auch Kochkurse, entweder privat bei Ihnen zu Hause oder in seiner Kochschule in Offenbach.

So sehen Helden aus, wenn sie am Herd stehn

Sie möchten den Schwarm Ihrer schlaflosen Nächte einmal zu sich nach Hause einladen und ihn mit einem raffinierten Menü verzaubern. Etwas Asiatisches möchten Sie gern in Ihrer Küche zubereiten oder auch etwas Hessisches. Nur wo bitte gibt es einen Stängel Zitronengras, alle Zutaten für eine fruchtige Pflaumensoße und thailändisches Currypulver? Auch Senf und saure Sahne haben Sie für die grüne Soße nicht im Haus. Für moderne Genießer hat jetzt auch in Frankfurt (Leipziger Straße 43) das Kochhaus (Mo. – Sa. 10 – 21 Uhr) geöffnet. Hier bekommen Sie neben den Rezepten für Vorspeise, Hauptgericht und Nachtisch alles abgewogen und abgezählt für den kulinarischen Abend – das Stück Zitronengras ebenso wie eine Knoblauchzehe, oder ein Stückchen Ingwerknolle, oder vier Kartoffeln. Weine, Essige und Öle werden selbstverständlich auch angeboten. Sie können online bestellen, holen alles im Kochhaus ab oder lassen sich alle Zutaten für das Menü zum Nachkochen nach Hause schicken.

www.privatkoch-thomas-wagner.de

www.kochhaus.de

Besondere Genüsse in Kaffeehaus und Obsthof

Lang ist die Liste der Berühmtheiten, angeführt vom Philosophen Adorno, die hier eingekehrt sind, und noch immer ist das legendäre Café Laumer im Frankfurter Westend Treffpunkt von Philosophen, Künstlern, Lebenskünstlern, jungen Studenten und Hausfrauen allen Alters. Hier gibt es Kaffee und Kuchen, Frühstück und Mittagstisch, Brot und Brötchen – dazu Pianomusik (geöffnet tägl. 8 – 19 Uhr). Im Sommer lädt der Sommergarten zum Verweilen ein. Die U6 und U7 fahren hierher, Haltestelle Westend. Ein kleiner Spaziergang von der Alten Oper führt auch zum Café.

Im Norden von Frankfurt, im Stadtteil Nieder-Erlenbach, lädt der Obsthof am Steinberg zu Einkauf und Aufenthalt ein. Der Hofladen mit seinem reichen Angebot ist vom 1. April bis 31. Oktober täglich von 9 bis 19 Uhr geöffnet, vom 1. November bis 31. März von Montag bis Freitag von 11 bis 18 Uhr, an Sams-, Sonn- und Feiertagen von 10 bis 18 Uhr. Wer den Weg hierher gefunden hat, dem sei empfohlen, einzukehren. Die rustikale Schoppenwirtschaft ist vom 1. April bis 31. Oktober donnerstags und freitags von 15 bis 22 Uhr, an Sams-, Sonn- und Feiertagen von 11 bis 22 Uhr geöffnet, in der Winterzeit Sams- und Sonntag von 11 bis 18 Uhr.

Es gibt immer wieder einen Grund, einen Ausflug zum Obsthof zu unternehmen. Auch die beliebten Veranstaltungen, Wanderungen und Feste locken hierher.

Das Café Laumer

Café Laumer
Bockenheimer Landstraße 67
60325 Frankfurt am Main
www.cafelaumer.de

Obsthof am Steinberg
Am Steinberg 24
60437 Frankfurt/
Nieder-Erlenbach
www.obsthof-am-steinberg

Offenbach und Mühlheim am Main

Stadt, Land, Fluss

Die Highlights: Grand Canyon, Klimaroute entlang des Mains, Schultheis-Weiher und Wochenmarkt, Beach Feeling am Main, Tanzen und Fliegen in den siebten Himmel.

Ihr Ausgangspunkt um Offenbach herum ist ein wunderschönes Landhotel in Mühlheim. Lassen Sie sich und Ihre große Liebe verzaubern. Sind Sie verliebt, verlobt oder verheiratet und suchen nach einem besonderen Geschenk? Wie wäre es mit einem Fotoshooting bei artix und unartix? Oder einem Tanzkurs bei Diereck Dross? Die gesamte Gegend ist seit jeher ein weites Feld für zärtliche Gefühle und heiße Leiden-

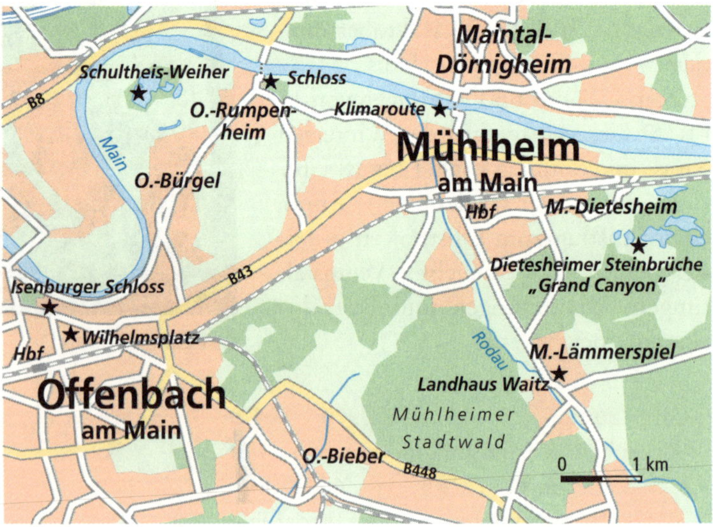

schaft. Eine berühmte Liebesgeschichte spielt in Offenbach, nämlich die von Lili und Goethe.

Lili und Goethe

Goethe kannte und schätzte Offenbach. Von Frankfurt war man selbst zu Fuß bald in der Nachbarstadt am Main. Der Dichter hatte als seine erste Liebschaft das Gretchen aus der Wirtschaft „Zur goldenen Rose“ in der Offenbacher Domstraße gehabt.

Anfang Januar, vielleicht war es beim Fest zum Neujahr 1775, lernte Goethe die siebzehnjährige Anna Elisabeth Schönemann kennen, die Lili genannt wurde. „Ein unbezwingliches Verlangen war herrschend geworden: ich konnte nicht ohne sie, sie nicht ohne mich sein.“ Zur Frankfurter Ostermesse verlobten sich die beiden Verliebten.

Goethe reimte seine Lili-Gedichte. „Herz, mein Herz, was soll das geben?“, beginnt das erste, das so schließt: „Liebe! Liebe! Laß mich los!“ und seiner Angst vor Bindung Ausdruck gibt. Goethe floh aus dem Verhältnis mit Lili nach einem halben Jahr und löste während der Frankfurter Herbstmesse die Verlobung. Er blieb bis 1807 mit der inzwischen als Frau von Türckheim verheirateten Lili in Briefkontakt, bekannte später gegenüber Eckermann: „Ich bin meinem eigentlichen Glücke nie so nah gewesen als in der Zeit jener Liebe zu Lili.“

Im Lili-Park, der sich dem Büsing-Park mit dem Büsing-Palais anschließt, flanierten und lustwandelten Lili und Goethe am nahen Main.

Das neobarocke Büsing-Palais ist heute ein repräsentativer Veranstaltungsort, in dem sich auch der schöne Trausaal des Standesamts befindet. Der Nordflügel des Palais dient der Stadtbücherei, der Südflügel dem weltweit einmaligen Klingspor-Museum für Buch- und Schriftkunst. Schräg gegenüber im Bernardbau residiert das Haus der Stadtgeschichte mit Museum und Archiv.

info@infocenter.de
www.offenbach.de

Mühlheim am Main

Das Wahrzeichen der Stadt ist die Mühle; die Brückenmühle von 1576 steht heute unter Denkmalschutz. Die Routen des Mühlenwanderwegs sind ausgeschildert.

Waitz, ein Ort des Genusses und des Wohlfühlens

Das Landhaus-Hotel Waitz

Als Ausgangspunkt für Ausflüge und verschiedene Aktivitäten in Mühlheim und Offenbach schlagen wir das Landhaus-Hotel Waitz vor. Das Hotel ist seit Generationen ein liebevoll und stilvoll geführter Familienbetrieb, der seine Gäste mit romantischen und individuell eingerichteten Zimmern sowie dem Feinschmecker-Restaurant „Das Waitz“ verwöhnt. In der „Fledermaus-Bar“ geht es leger zu. In der Bar und Smokers-Lounge des Hauses heißt es Krawatte gelockert, Jackett abgelegt und bei einem frisch gezapften Pils, kühlem Longdrink oder leckerem Cocktail entspannen. Stilvoll und modern geht es auch in der „Steff's Lounge“ zu – neben kleinen Gerichten und coolen Drinks lässt es sich im Lounge-Ambiente richtig chillen und relaxen. In den Sommermonaten kann man im „Steff's Beach“ vom Alltag abschalten und die schöne Jahreszeit im Freien genießen.

Was bedeutet WWW? – nein, nicht World Wide Web, sondern Wellness-Wohlfühlen-Waitz. Beim Zwei-Tage-Verwöhnprogramm übernachten Sie beispielsweise in einer Deluxe-Suite, nutzen die Wellness-Oase und genießen am Abend ein Candlelight-Dinner mit sechs Gängen. Wenn Sie sich dann später für eine Hochzeit entschieden haben, bietet Ihnen das Hotel die besten Voraussetzungen für Ihren schönsten Tag im Leben.

Landhaus-Hotel Waitz
Bischof-Ketteler-Straße 26
63165 Mühlheim-Lämmerspiel
Tel. 0 61 08/60 60
willkommen@hotel-waitz.de
www.hotel-waitz.de

Picknick im Grand Canyon

Warum in die Ferne schweifen, der Grand Canyon liegt so nah – nämlich bei Mühlheim-Dietesheim. Dieses außergewöhnliche Erholungsgebiet liegt im Osten, eine Allee führt von Dietesheim ins Erholungsgebiet.

Zwischen 1865 und 1982 wurde hier in mühevoller Kleinarbeit Basalt abgebaut. Nach dem Ende des Basaltabbaus formten sich auf rund 60 Hektar viele kleine Seen. Innerhalb von zwölf Jahren entstand hier ein Erholungsgebiet mit Seen und Schluchten von einmaliger Schönheit. Am Eingang befindet sich ein Parkplatz. Dominierendes Merkmal des Naturschutzgebiets sind die steil ins Wasser fallenden Hänge und Felswände. Am Ufer des Grünen Sees befindet sich die Gaststätte „Zum Grünen See". Zelten, Boot fahren und Schwimmen sind im Seengebiet nicht erlaubt.

Im Seengebiet östlich von Mühlheim

Eine Infotafel zeigt das Wegenetz im Seengebiet und lädt zu kleineren Spaziergängen und größeren Wanderungen ein. Die aufgelassenen Steinbrüche bieten heute als Naturschutzgebiet Pflanzen und Tieren einen geschützten Lebensraum. Sogar auf den nackten Basaltwänden grünt und blüht es. Wer Rücksicht auf Pflanzen und Tiere nimmt, kann hier in malerischer Kulisse ein romantisches Picknick veranstalten. Dieses wunderbare Paradies ist ganzjährig zugänglich.

Nachts schwimmen die Amazonasfische im Main

Klimaroute: Main trifft Amazonas

Zu Fuß oder mit dem Fahrrad lässt es sich sehr schön auf dem Mainuferweg von Mühlheim nach Offenbach und weiter bis Frankfurt wandern oder radeln.

Entlang des Mainuferwegs von Mühlheim nach Offenbach laden gegenüber von Dörnigheim Sitzkiesel zum Verweilen ein. Hier wäre jetzt eine gute Gelegenheit für ein kleines Picknick. Lara Glück, damalige Studentin an der Hochschule für Gestaltung, Offenbach, entwarf diese Sitzgelegenheit, „auf der du tanzen und liegend in den Himmel schauen kannst …" Diese unverwechselbaren Verweilmöglichkeiten sind entlang der gesamten Regionalpark-Rundroute zu finden.

Von Mühlheim-Dietesheim über Offenbach und Frankfurt bis Kelsterbach erstreckt sich entlang des Mains die rund 25 Kilometer lange Klimaroute. Die erste Station dieser Route, die zugleich ein Regionalpark-Projekt ist, befindet sich in Mühlheim-Dietesheim zwischen der Schleuse im Osten und der Fähre nach Dörnigheim im Westen.

Auf einem Steg hängen große Tafeln an der Spundwand. Darauf sind die Mainschleusen markiert und Mainfische dargestellt. Die Amazonasfische leuchten in der Dunkelheit und in Leuchtschrift heißt es „Willkommen am Amazonas". Die Verbindung vom Main zum Amazonas ergibt sich dadurch, dass die Abholzung der Wälder im Amazonasgebiet das gesamte Weltklima verändert.

information@regionalpark-rheinmain.de
www.regionalpark-rheinmain.de

Offenbach am Main

Bevor Sie auf dem Mainuferweg nach Offenbach gelangen, machen Sie einen kleinen Abstecher zu einem schönen Baggersee. Der Schultheisweiher liegt im Mainbogen zwischen den Offenbacher Ortsteilen Rumpenheim und Bürgel.

Baden im Schultheisweiher
Den Weiher kann man während eines kleinen Spaziergangs umrunden. Und wer baden möchte, findet den Eingang in der

Rechts am Strand der FKK-Bereich

Südwestecke; hier gibt es auch einen Kiosk, Toiletten und von Mai bis September täglich von 9 bis 19 Uhr eine Badeaufsicht. Wer mag, stürzt sich mit einem Sprung kopfüber von einem der Stege ins kühle Nass. Der Weiher ist frei zugänglich.

Ein Teil des Sees ist den FKKlern vorbehalten. Das Baden ist allerdings im Sommer wegen starken Algenbewuchses nicht immer gestattet. Der nördliche Teil des Weihers ist ein Naturschutzgebiet. Zahlreiche Zugvögel aus dem Norden überwintern hier. Auch Angler haben hier ihr Revier.

Typisch italienisch: der Wilhelmsplatz

Schon der Schriftsteller und Dichter Johann Gottfried Seume (1763 bis 1810) schrieb einst über Offenbach: „Die ganze Gegend ist wie ein Paradies. Man glaubt in Oberitalien zu sein."

Beenden Sie Ihre Tour auf dem Mainuferweg am Isenburger Schloss von 1578, dem wohl schönsten Renaissancebau nördlich der Alpen. Passieren Sie das Deichtor und gehen geradeaus die Schlossstraße bis zur Bieberer Straße, die links nach wenigen Metern zum Wilhelmsplatz führt, auf dem dreimal in der Woche Markt abgehalten wird (geöffnet Di., Fr., Sa. 7 – 14 Uhr). Er zählt wohl mit zu den schönsten Wochenmärkten in Hessen.

An drei Tagen wird der Wilhelmsplatz zum Marktplatz

Offenbach besitzt den unvergleichbaren Charme einer multikulturellen Stadt. Von den über 45.000 Migranten profitieren alle Offenbacher. Bei ihnen kommen nicht nur Grüne Soße mit Salzkartoffeln, Handkäse mit Musik und Ahle Worscht auf den Tisch, sondern auch Kürbis und Karden, Scamorza und Barba di fratte, Oliven, Schafskäsecreme und italienisches Landbrot. Aber natürlich auch Obst und Gemüse, Fleisch, Wurst, Käse und Eier aus unserem schönen Hessenland.

Rund um den Wilhelmsplatz stehen schmucke Häuser, und hier haben sich außergewöhnliche Gaststätten wie das Markthäuschen, die Brasserie Beau d'Eau, das Café Stäbchen, die Restaurants Fleischeslust und Tafelspitz angesiedelt. „4 Zimmer und Garten" in der Bleichstraße gegenüber dem Wochenmarkt verkauft für Heim und Garten die schönsten dekorativen Artikel aus aller Welt.

Der King Kamehameha Beach Club auf der Hafeninsel

Palmen, Sand und Cocktails am Main

Wie wäre es an einem lauen Sommerabend mit Sand, Palmen, Musik, Cocktails und einem Blick aufs Wasser? Der King Kamehameha Beach Club in Offenbach macht's möglich (geöffnet im Sommer Mo. – Fr. ab 15 Uhr, Sa., So. ab 12 Uhr). Auf der Hafeninsel im Main öffnet der Beach Club seine Türen, sobald es sommerlich warm ist. Liegestühle laden zum Chillen ein. Es gibt süffige Cocktails, aber auch Bier und Limo. Dazu Ibizasounds, am Wochenende hin und wieder sogar mit DJ. Wer mag, wiegt sich im Rhythmus der Musik, denn Tanzen ist erlaubt, ebenso das Rauchen. Verschiedene Veranstaltungen komplettieren das Programm dieser einmaligen Location.

King Kamehameha Beach Club
Hafeninsel 2
63065 Offenbach am Main

Tel. 069/48 00 96 10
club-ffm@king-kamehameha.de
www.king-kamehameha.de

Artige und unartige Fotos

Barbara Pommerening führt seit über zehn Jahren in Offenbach ein Atelier für artige und unartige Fotografie. Man bekommt hier nicht nur unartige, erotische Fotos mit höchster ästhetischer Ausstrahlung, auch die artigen Fotos zeigen wahre Persönlichkeiten.

Unartig, aber schön

Ein Auszug aus dem Gästebuch: „… Ich bin mir sicher, mein Mann wird die Fotos lieben und wir haben immer eine tolle Erinnerung an die Kugelzeit!"

artix & unartix
Kaiserstraße 32-34/Merabau
63065 Offenbach am Main

Tel. 069/85 70 05 25
unartix@t-online.de
www.unartix.de

Hochzeitswalzer für Tanzmuffel

Keine Zeit für einen monatelangen Tanzkurs, um während der eigenen Hochzeit oder der der Freunde beim Tanzen eine gute Figur zu machen? Die Tanzschule Diereck Dross macht's möglich. Sie können als Paar einen Kurs buchen oder das zusätzliche Hochzeitsangebot der regulären Tanzkurse nutzen. Hier lernen Sie den Hochzeitswalzer rechts und links herum. Die Tänze, die hier gelehrt werden, dienen nicht nur ehelichen Pflichten.

Die Tanzschule ist sehr flexibel, wer's ganz eilig hat, bekommt schnell einen Termin für Privatstunden.

Tanzschule Diereck Dross
Strahlenberger Straße 105
63067 Offenbach am Main
Tel. 069/21 93 65 64
mail@diereck-dross.de
www.diereck-dross.de

Über den Wolken …

Vom Flugplatz Egelsbach, Landkreis Offenbach, und nur etwa 25 Kilometer von der Stadt Offenbach entfernt, können Sie sich hoch oben über den Wolken in der „Tante Anna" trauen lassen. Sie fliegen mit dem größten Doppeldecker der Welt, der Antonov 2. Auf Wunsch wird alles organisiert: der Standesbeamte, Kanapees und Getränke an Bord und auf Wunsch die anschließende Hochzeitsfeier am Boden. Aber der Flug mit der Antonov muss nicht in der Ehe landen; der Flug selbst ist ein Höhepunkt.

Zum Angebot von Classic Wings gehören auch verschiedene Nostalgieflüge wie ein Flug über Frankfurts Skyline oder „fly & dine". Sie können aber auch mit der legendären Ju52 über den Wolken fliegen. Das ist vom Flugplatz Egelsbach, Hans-Fleißner-Straße, 63329 Egelsbach, möglich.

Ju52, Tante Ju genannt

Classic Wings Rhein-Main
Hainstraße 14
35457 Lollar
Tel. 0 64 06/7 75 96 43
info@classicwings-rheinmain.de
www.classicwings-rheinmain.de

Ju52 – Deutsche Lufthansa Berlin-Stiftung
Postfach 63 03 00
22313 Hamburg
Tel. 040/50 7017 17
ju52buchung@dlh.de
www.dlbs.de

Hanau und Seligenstadt

Märchen und Amouren

Die Highlights: Villa Stokkum und die Mainterrassen, Schloss Philippsruhe und Wilhelmsbad, Goldschmiedehaus und die Brüder Grimm, Emma und Einhard, Benediktinerabtei und Basilika.

Beide Städte liegen malerisch am Main, sind nicht weit voneinander entfernt, in ihren Mauern bergen sie Schätze aus Geschichte und Kultur, ihre Sehenswürdigkeiten locken Ausflügler und ein internationales Publikum an. Ebenso reich ist der Geschichtenschatz, der mit Hanau und Seligenstadt verknüpft ist. Spaziergänge, Wanderungen, Radtouren und Schiffsausflüge führen durch die idyllische Natur und lassen die reiche Geschichte und die vielen bunten Geschichten, die auch von der Liebe Lust und Leid künden, zum Erlebnis werden.

Denkmal für die Märchenbrüder Grimm

Hanau

Die Stadt der Brüder Grimm

Alle Welt kennt Dornröschen, Rotkäppchen, Schneewittchen, Hänsel und Gretel und die anderen Figuren aus den Märchen, die von den Brüdern Grimm gesammelt und neu erzählt wurden. Diese Geschichten von Lust und Verlust, Freude und Trauer, Gut und Böse haben längst Hollywood und Disneyland erobert. Bei den Brüder Grimm Festspielen werden die Märchen als Schauspiel oder Musical im Amphitheater im Park von Schloss Philippsruhe von Mitte Mai bis weit in den Juli hinein aufgeführt (www.maerchenfestspiele-hanau.de).

Auf dem Marktplatz vor dem Neustädter Rathaus, in dem auch die Tourist-Information ihre Dienste anbietet, steht das Nationaldenkmal für die Märchenbrüder. Von den vielen Themen- und Kostümführungen seien „Die Brüder Grimm zeigen ihre Geburtsstadt“ erwähnt.

Der Familie Grimm wurde 1785 der Sohn Jacob, im Jahr darauf Wilhelm geboren. 1790 kam Ludwig Emil zur Welt. Während die älteren Brüder Sprachwissenschaftler und Märchensammler waren, wurde der jüngere Bruder ein vorzüglicher Zeichner und Maler.

touristinformation@hanau.de
www.hanau.de

Hotel Villa Stokkum in Hanau

Über einem Gewölbekeller von 1665, in dem einst Wein gekeltert wurde, entstand Mitte des 18. Jahrhunderts ein Herrenhaus, das dem Baron zu Stokkum-Sternfels als Sommerresidenz diente. Um 1870 erfolgte die Umwandlung des Anwesens zu einer Zigarrenfabrik. Aus dieser Zeit stammt der Backsteinanbau mit Wasserturm und Feuerglocke. Heute dient das historische Ensemble verschiedener Stil-Epochen zusammen mit einem Neubau als modernes Vier-Sterne-Hotel.

Der Barockgarten der Villa Stokkum

Es ist das einzige bewohnbare Denkmal auf der „Route der Industriekultur Rhein-Main“. Zu den vielfältigen Arrangements des Hotels gehört das Angebot „Liebe & Genuss“, um eine junge Liebe zu feiern oder eine alte anzufeuern. Unter das kulinarische Motto „Sinnvoll & Sinnlich“ stellt das Atrium Restaurant (geöffnet Mo. – Sa. 18.30 – 23 Uhr) seine Auswahl an Speisen und Getränken.

Die Villa Stokkum ist der richtige Ort für Feiern, romantische Dinner und Ausgangspunkt für Ausflüge und Spaziergänge. Etwa zum nahen Schloss Steinheim mit seinem Museum für regionale Vor- und Frühgeschichte (Do. – So. 10 – 12 Uhr, 14 – 17 Uhr).

Best Western Premier Hotel
Villa Stokkum
Steinheimer Vorstadt 70
63456 Hanau-Steinheim

Tel. 0 61 81/66 40
info@villastokkum.bestwestern.de
www.villastokkum.de

Gold und Silber lieb ich sehr

Der schönste Schmuck, Tafelgeräte und Accessoires von Künstlern aus Deutschland und aller Welt sind im Goldschmiedehaus zu bewundern. Sonderausstellungen laden immer wieder zum Besuch ein (geöffnet Di. – So. 11 – 17 Uhr). Die Brüder Grimm kannten das große Fachwerkgebäude von 1537/38 noch als Altstädter Rathaus. Durch die Aufnahme von Glaubensflüchtlingen aus den Niederlanden und aus Wallonien 1597, darunter viele Goldschmiede, erlebte Hanau einen wirtschaftlichen Aufschwung.

Das Deutsche Goldschmiedehaus, ein Schmuckstück der Stadt

Deutsches Goldschmiedehaus
Altstädter Markt 6
63450 Hanau
Tel. 0 61 81/25 65 56
gfg-hanau@t-online.de
www.museen-hanau.de

Philippsruhe – das Versailles am Main

Als dem Grafen Philipp Reinhard von Hanau-Lichtenberg sein Stadtschloss in Hanau zu klein wurde, ließ er ab 1701 im Westen der Stadt am Mainufer ein prächtiges Barockschloss errichten, das sein Sommer- und Ruhesitz sein sollte. Graf Philipp zog 1712 in das teilweise bewohnbare neue Schloss, in dem er noch im gleichen Jahr starb. Sein Bruder, Graf Johann Rein-

Hochzeit im Schloss Philippsruhe

hard III., übernahm die Fertigstellung des Schlosses nach dem Vorbild von Versailles. Nach dem Tod dieses Grafen, der keine Nachkommen hinterließ, fiel das Schloss an die Landgrafen von Hessen-Kassel. 1764 zog Erbprinz Wilhelm IX., der spätere Landgraf von Hessen-Kassel und Kurfürst Wilhelm I., mit seiner Gemahlin Wilhelmine Karoline von Dänemark für 20 Jahre in Schloss Philippsruhe ein.

Heute sind im Schloss das Historische Museum Hanau mit Kunst und Kunsthandwerk, das einzigartige Papiertheater-Museum und die Brüder-Grimm-Abteilung zu besichtigen (geöffnet Di. – So. 11 – 18 Uhr). Im Schloss gibt es zudem einen zauberhaften Trausaal und das Schloss-Restaurant mit Terrasse. Der Schlosspark lädt zum Lustwandeln und zum Picknick ein.

Schloss Philippsruhe
Philippsruher Allee 45
63454 Hanau-Kesselstadt
Tel. 0 61 81/29 55 64
Restaurant Tel. 0 61 81/25 80 10
museen@hanau.de
www.museen-hanau.de

„Wilhelmsbad, mein Juwel und Lieblingsort"

Vor über 300 Jahren entdeckten zwei Kräuterweiblein einen Gesundbrunnen. Deshalb ließ Erbprinz Wilhelm 1777 eine luxuriöse Badeanlage errichten, die zu seinem Lieblingsort wurde. Die drei Kilometer lange Burgallee verbindet Philippsruhe mit Wilhelmsbad. Gäste aus aller Welt kamen hierher. Vor etwa 100 Jahren versiegte die Quelle. Die Kuranlagen dienen heute als Comödienhaus, Puppenmuseum, Restaurant. Der Park mit Karussell und anderen Zierbauten lädt ein zum Spazieren und Picknicken.

Wilhelm, der mit seiner dänischen Frau vier Kinder zeugte, ließ sich im Park eine künstliche Burgruine als Lustburg bauen, die innen prächtig ausgestattet war. Hier vergnügte er sich mit seinen Mätressen und zeugte mindestens zwei Dutzend weitere Kinder. Als Belohnung für ihre erotischen Dienste wurden die Damen zum Teil geadelt und mit vermögenden Herren verheiratet.

Die Burg ist mit Führungen zu besichtigen (Apr. – Okt. Sa. und So. 14, 15, 16 Uhr).

Seligenstadt

„Selig sei die Stadt genannt ..."

Seligenstadt ist von Hanau-Steinheim etwa zehn Kilometer entfernt. Es ist eine Drei-Kaiser-Stadt. Barbarossa unterhielt hier eine Pfalz, die als imposante Ruine zu besichtigen ist. In der Großen Maingasse residiert der Eis-Kaiser; berühmt wegen seines Speise-Eises. Und Karl der Große fand hier seine Tochter wieder, wie die Sage weiß.

Kaiser Karl hatte seine schöne Tochter Emma dem Kaiser von Byzanz versprochen. Eines Tages sah er, wie Emma früh morgens heimlich das Zimmer Einhards verließ und in ihre Gemächer schlich. Karl packte der Zorn, und er schickte seine Tochter und seinen Sekretär in die Verbannung. Bald gereute ihn der Verlust der Tochter und des getreuen Einhard. Bei einer Jagd in der Nähe Mulinheims verlor der Kaiser den Anschluss ans Gefolge und verirrte sich zu einer

Der Spruch des Kaisers und erotische Figuren zieren das Einhardshaus

Hütte. Er begehrte Einlass und bat um Verpflegung. Die Hausfrau stellte ihm ein Glas Apfelwein auf den Tisch und begann, Pfannkuchen zu backen. Die schmeckten so gut wie die, die ihm einst seine Tochter gebacken hatte. Er blickte auf und erkannte Emma. Die Tür wurde geöffnet und Einhard trat ein. Glücklich schloss er die beiden in seine Arme. Wieder aus der Wildnis zurück verkündete Karl: „Selig sei die Stadt genannt, da ich meine Tochter wiederfand."

Seit damals heißt die Stadt Seligenstadt. Des Kaisers Spruch ist in Holz geschnitten am Einhardshaus zu lesen.

touristinfo@seligenstadt.de

www.seligenstadt.de

Einhardbasilika und Benediktinerabtei

Einhard bekam von Kaiser Ludwig I. dem Frommen, Sohn Kaiser Karls, im Jahr 815 ein Königsgut im Maingau und im Odenwald geschenkt. Bis 827 ließ Einhard die Basilika in Steinbach bei Michelstadt erbauen. Zur gottgefälligen Ausstattung der Basilika besorgte Einhard auf dem Schwarzmarkt in Rom Reliquien von Petrus, dem Exorzisten, und Marcellinus, dem Priester, die beide 304 zu Tode gemartert worden waren. Die heiligen Gebeine aber gaben zu verstehen, dass sie nach Seligenstadt überführt werden wollten, wo ab 828 eine Basilika und ein Kloster gebaut wurden. Einhard transportierte die Reliquien nach Seligenstadt. Die Figuren der zwei Heiligen schmücken den Aufgang zur Basilika. Die Kirche und das Kloster veränderten ihr Aussehen im Lauf der Jahre, bis sie im Barock ihre jetzige Gestalt fanden.

Der Sarkophag, in dem Emma und Einhard beisammenliegen

Die Basilika St. Marcellinus und Petrus

Emma starb im Jahr 836, Einhard 840. In einem Sarkophag aus Marmor von der Lahn ruhen beide Seite an Seite.

Die Basilika (geöffnet tägl. 9 – 18 Uhr) ist heute die Pfarrkirche von Seligenstadt. Das Kloster wurde 1803 aufgehoben, die Klosterräume einschließlich der Küche und der Klosterapotheke können bei Führungen besichtigt werden (Apr. – Okt. Di. – So. stündl. 10 – 18 Uhr). In der Abtei ist auch das Landschaftsmuseum und das Kreismuseum der Heimatvertriebenen zu sehen (geöffnet Di. – So. 10 – 18 Uhr). Der Klostergarten mit seinen Blumen und Kräutern ist nicht nur für Gärtner eine besonders schöne Sehenswürdigkeit.

Von den vielen Kloster- und Stadtführungen sei eigens erwähnt „Gott sei Dank, sie haben sich!“ mit Geschichten von der Liebe und vom Heiraten.

Basilika St. Marcellinus und Petrus
Einhardbasilika
Große Maingasse
63500 Seligenstadt
Tel. 0 61 82/33 75
info@basilika.de
www.basilika.de

Benediktinerabtei
Klosterhof 2
63500 Seligenstadt
Tel. 0 61 82/82 98 82
info@schloesser.hessen.de
www.schloesser-hessen.de

Kinzigtal und Wetterau

Flussidylle und weite Landschaft

Die Highlights: Burg-Mühle und Alte Klostermühle, Barbarossaburg und Ronneburg, Bad Nauheim und Bad Vilbel, Ritterspiele und Burgfestspiele, Hohe Straße und Wandern auf dem Wasser.

Zwischen Vogelsberg und Wetterau im Norden und Spessart im Süden fließt die Kinzig von Nordost nach Südwest und formt eine vielfältige Landschaft. Nach gut 80 Kilometern vereint sie sich in Hanau mit dem Main. An ihren Ufern reiht sich eine Vielzahl von Städten und Gemeinden mit reicher Geschichte. Die goldene Wetterau erstreckt sich von den Taunushängen bis zum Vogelsberg, an dessen Rand das mittelalterliche Büdingen mit Schloss und Stadtbefestigung zur Besichtigung einlädt.

Blick von der Kaiserpfalz auf die Marienkirche

Barbarossastadt Gelnhausen

Eine mittelalterliche Liebesgeschichte erzählt vom späteren Kaiser Friedrich I., der wegen seines roten Barts Barbarossa genannt wurde. Als junger Mann besuchte er seinen Vater auf dessen Burg im Kinzigtal. Hier begegnete er der wunderschönen Gela, einem Mädchen von geringem Stand. Die beiden verliebten sich und trafen sich jeden Morgen in der Burgkapelle. Doch Gela glaubte nicht an eine Erfüllung dieser Liebe, war sie doch nicht ebenbürtig. Als Friedrich in den Krieg zog, sagte er zu Gela: „Unsere Liebe ist ewig." „Ja", antwortete sie, „ewig und rein." Nach dem Krieg kehrte Barbarossa zurück und eilte zur gewohnten Stunde in die Kapelle. Doch Gela war nicht da. Auf ihrem Platz lag ein Zettel, auf dem zu lesen war, sie sei ins Kloster gegangen, aber seine Liebe werde sie nie vergessen. Zu ihrem Andenken gründete Barbarossa die Stadt Gelnhausen.

Die Kaiserpfalz

Die deutschen Kaiser hatten im Mittelalter keine festen Herrschersitze, sie hatten verschiedene Pfalzen, von denen sie zeitweise regierten. Barbarossa ließ sich auf einer Kinziginsel in Gelnhausen eine Pfalz errichten, die 1180 fertiggestellt war. Die Ruine lässt ahnen, welche prächtige Anlage es einst war. Ein Modell ist im Burgmuseum zu sehen. Die Pfalz wird auch Barbarossaburg genannt. (Pfalz und Museum geöffnet März – Okt. Di. – So. 10 – 17 Uhr, Nov. – 23. Dez. nur bis 16 Uhr).

Kaiserpfalz und Museum
Burgstraße 14
63571 Gelnhausen
Tel. 0 60 51/38 05
info@schloesser.hessen.de
www.schloesser-hessen.de

tourist-information@
gelnhausen.de
www.gelnhausen.de

Hotel Burg-Mühle – Barbarossa als Nachbar

Die Burg-Mühle
ist heute ein Hotel

In der Burgstraße unweit der Burg lädt Familie Ebner in die Burg-Mühle ein, die noch ein großes Mühlrad besitzt, das sich langsam dreht. Das schmucke Anwesen dient als romantisches Hotel und Restaurant (geöffnet Mo. – So. 11.30 – 14 Uhr, Mo. – Do. 18 – 23 Uhr), in dem auch Hochzeiten bestens gefeiert werden. Bei verführerischen Arrangements und Angeboten wie zum Beispiel „Schlemmerwochenende" oder „Fit & Aktiv" lassen sich Genuss und Freizeitspaß vereinen. Bei Wanderungen und Radtouren werden die Sehenswürdigkeiten Gelnhausens, des Kinzigtals und der Wetterau zum Erlebnis. Der Kulturweg Meerholz führt in dieses einstige Dorf mit seinem Schloss; heute ist Meerholz ein Stadtteil von Gelnhausen, und hier war bis Juli 2013 der Mittelpunkt der EU zu besichtigen.

Burg-Mühle
Hotel und Restaurant
Burgstraße 2
63571 Gelnhausen
Tel. 0 60 51/8 20 50
info@burgmuehle.de
www.burgmuehle.de

Auf der Kinzig und neben dem Fluss

Der Fluss entspringt in Sinntal-Sterbfritz und mündet nach 82 Kilometern in Hanau in den Main. An seinen Ufern und im Kinzigtal liegen Orte wie Schlüchtern mit Burgen und Schlössern und dem Bergwinkelmuseum, Steinau an der Straße mit Schloss und Brüder-Grimm-Haus, Bad Soden-Salmünster mit dem Therma Sol-Gesundheitszentrum, Wächtersbach mit Fachwerk und Schloss, Bad Orb mit der neuen Toskana Therme, und nach Gelnhausen kommt schließlich Langenselbold mit Schloss und Museum.

Bei Bad Soden-Salmünster ist die Kinzig zum Stausee Ahl gestaut. Um den See gibt es Wege zum Spazieren, Wandern, Radeln, auf dem See Boote zum Rudern und Paddeln. Ab der Staumauer bis Hanau ist die Kinzig ein Kanu-Wanderfluß.

Bei Langenselbold lädt der Kinzigsee zur Naturbeobachtung, zum Campen, Baden, Tauchen, Segeln und zum Sonnenbaden ein.

Der Radweg R3, der vom Rhein kommt, begleitet die Kinzig bis Schlüchtern und führt weiter nach Thüringen. Am zweiten Sonntag im September heißt es „Kinzigtal Total". Dann ist die B40, die durchs Kinzigtal führt, den Radlern, Skatern und Rollstuhlfahrern vorbehalten. An der ganzen Strecke gibt es Sport und Kultur, Speis und Trank, auch Pannendienste.

www.mkk-tourismus-spessart.de/kinzigtal/

www.kinzigtaltotal-mkk.de

Ruhevolle Rast am Ufer der Kinzig

Die Ronneburg ist auch ein Ort für Hochzeiten

Ritter und Räuber auf der Ronneburg

Von Langenselbold ist die mächtige Ronneburg leicht zu erreichen. Vor mehr als 750 Jahren in der Zeit der Staufer errichtet, thront die Burg auf einer Basaltkuppe. Die Ritter sicherten die Handels- und Heerwege zwischen West- und Osteuropa, die unten im Kinzigtal und auf der Hohen Straße durch die Wetterau führten. Die Herren von Cronberg machten im 14. Jahrhundert die Anlage zur Raubritterburg. Später fanden Glaubensflüchtlinge Zuflucht in der Ronneburg.

Heute ist die Burg ein beliebtes Ausflugsziel. Der Verein der Freunde der Ronneburg hat viele Räume als Museum eingerichtet (geöffnet März – Nov. Di. – So. 10 – 18 Uhr, Dez. – Febr. bei gutem Wetter Sa., So., Feiert. 11 – 16 Uhr). Die Räume werden zu Feiern vermietet. Für Hochzeiten gibt es ein Trauzimmer und die Burgkapelle. Das Café und das Burgrestaurant (geöffnet tägl. 11.30 – 21.30 Uhr) laden zu Rittergelagen und Candlelight-Dinnern ein. Viele Veranstaltungen – vom Ritterturnier bis zum Weihnachtsmarkt – werden auf der Ronneburg gefeiert. Kurse zur Kunst des Bogenschießens oder mittelalterlicher Kochkunst werden auf der Burg veranstaltet.

Ronneburg
63549 Ronneburg
mail@burg-ronneburg.de
www.burg-ronneburg.de
www.restaurant-ronneburg.de

Hoch auf der Hohen Straße

Die Hohe Straße war einst eine Verbindungsstraße zwischen Santiago de Compostela und Kiew, auch Via Regia, königliche Straße, genannt. Wichtig war die Straße als Verbindung der Messestädte Frankfurt und Leipzig. Als Projekt des Regionalparks RheinMain wurde ein Teilstück von Frankfurt-Bergen durch die Wetterau bis Hammersbach als Ausflugsroute und Fahrradweg gestaltet. Diese 27 Kilometer sind mit vielen Kunstwerken geschmückt, mit Sitz- und Liegemöbeln und Aussichtspunkten ausgestattet. Die Anfahrt der Radler kann vom Bahnhof Bad Vilbel oder vom U-Bahnhof Enkheim erfolgen.

Der weitere ausgeschilderte Weg führt über die A45, rechts in den Wald hoch und hinunter nach Altwiedermus und hinauf zur Ronneburg, die nach 36 Kilometern vom Entree in Bergen erreicht ist. Von hier führt die Regionalpark-Ysenburg-Route durch den Wald und hinunter zum Bach Gründau, dem Lauf folgend durch Langenselbold, auf dem Kinzigtalradweg am Kinzigsee vorbei und zum Bahnhof Langenselbold, von dem nach 52 Kilometern die Heimfahrt mit der Kinzigtalbahn erfolgt.

Die Tour wird ausführlich beschrieben in: Rad- und Wanderführer Regionalpark RheinMain, Tour 12.

www.regionalpark-rheinmain.de

Liegestühle an der Hohen Straße

Wellness und Fitness – Bad Vilbel und Bad Nauheim

Im Südwesten, nahe bei Frankfurt, ist Bad Vilbel das Tor zur goldenen Wetterau. Die Stadt der Quellen ist berühmt ob ihrer Mineral- und Heilquellen, in denen das Wasser sprudelt und zu Trinkkuren einlädt. Wer im Kurpark lustwandelt, sieht einige der Brunnen und Quellentempel, kommt auch zum römischen Mosaik, das Wassertiere im glitzernden Nass zeigt. Und die Burg von Bad Vilbel, die aus dem 12. Jahrhundert stammt, ist eine Wasserburg. Im Sommer ist sie die eindrucksvolle Bühne für die Burgfestspiele.

Der Hassia-Brunnen im Kurpark

Nördlich von Bad Vilbel, am Westrand der Wetterau, liegt die Gesundheitsstadt Bad Nauheim. Der Sprudelhof und die Kuranlagen wurden zwischen 1905 und 1912 von den Künstlern der Darmstädter Künstlerkolonie geschaffen und sind ein einzigartiges Monument des Jugendstils. Um den Sprudelhof gruppieren sich die Badehäuser. Nauheimer Badespaß gibt es noch in der Therme am Park und im Usa-Wellenbad. In Bad Vilbel und in Bad Nauheim gibt es spezielle Gesundheitsarrangements, um Wellness und Fitness mit Genuss zu erleben.

tourist-info@bad-vilbel.de
www.bad-vilbel.de
info@bad-nauheim.de
www.bad-nauheim.de

Kloster und Schloss – Arnsburg und Büdingen

Zwischen Münzenberg mit seiner Burg und der Bierstadt Lich liegt im Norden der Wetterau das Kloster Arnsburg. Anstelle einer Burg stiftete im Jahr 1151 Konrad von Arnsburg ein Kloster. Die Kirche, eine Basilika, verfiel nach der Aufhebung des Klosters 1803 und ist eine romantische Ruine. Der Bursenbau, der den Laienbrüdern Herberge war, ist heute ein feines Hotel. Die Alte Klostermühle ist ein Restaurant mit Biergarten. Und damit der Ort ein Paradies für die irdische Liebe ist, gibt es noch die Kapelle des Klosters, Paradies geheißen, in dem sich Paare trauen lassen.

Eingang zum Schloss Büdingen mit Frosch

Am Ostrand der Wetterau, nicht weit von Gelnhausen entfernt, liegt Büdingen. Zur gleichen Zeit wie die Kaiserpfalz dort wurde hier die Burg erbaut. Im Lauf der Zeit verwandelte sich die Burg in ein stattliches Schloss. Die Kernburg wird seit 1258 von der Familie der Fürsten zu Ysenburg und Büdingen bewohnt. Teile des Schlosses dienen als Museum, andere als Hotel. In der fürstlichen Schlosskapelle lassen sich Paare trauen, im Schloss wird dann gefeiert. Und die Mädchen, die noch keinen Prinz haben, küssen einen der vielen bunten Frösche, die an den Mauern von Büdingen kleben. Vielleicht klappt die Verwandlung.

Alte Klostermühle
35423 Lich-Arnsburg
info@alte-klostermühle.de
demnächst Neueröffnung

Schloss Büdingen
Tel. 0 60 42/9 64 70
schloss.buedingen@ysenburg.de
www.schloss-buedingen.de

Der Vogelsberg

Erlebnisregion grüner Vulkan

Die Highlights: Schloss Romrod und das Hochzeitshaus, Schottenring und Lauterbacher Strolch, Vulkanradweg und Vulkan-Express, Hoherodskopf mit vielen Sportmöglichkeiten im Winter und im Sommer, die Keltenwelt am Glauberg, schließlich das Dorf der Männer.

Der größte Vulkan Europas war der Vogelsberg, der doppelt so groß wie der Ätna war und heute eine Fläche von 2.500 Quadratkilometern umfasst. Im Naturpark Hoher Vogelsberg bietet die Natur eine Fülle von Erlebnissen, die schmucken Dörfer und Städte sind mit Sehenswürdigkeiten verziert. Feinschmecker sind willkommen und genießen während der Vogelsberger Lammwochen im Frühjahr einen kulinarischen Höhepunkt.

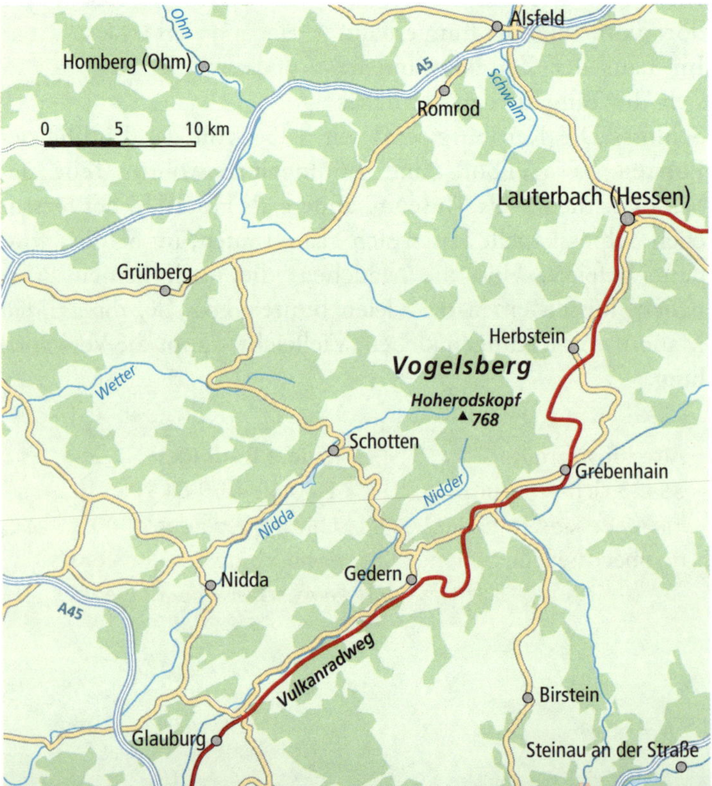

Schloss Romrod – vom Landgrafen- zum Hochzeitsschloss

Schloss Romrod – das Hochzeitsschloss

Nur fünf Kilometer von Alsfeld entfernt liegt Romrod, wo im 12. Jahrhundert eine staufische Wasserburg errichtet wurde. Um 1400 übernahmen die Landgrafen von Hessen die Burg, nach der Teilung Hessens kam Romrod an Hessen-Marburg, ab 1604 an Hessen-Darmstadt. Ausgebaut zum Schloss diente Romrod zeitweise als Sommerresidenz der Darmstädter.

Nach der aufwändigen Renovierung dient das Schloss im idyllischen Schlosspark als Hotel. Es gibt eine „Havanabar" mit Panoramablick in den Innenhof und das stilvolle Restaurant „Mathilde". Neben dem Hotel stehen auch Räumlichkeiten für besondere Anlässe zur Verfügung: Arrangements für Verliebte, Heiratsanträge und für Genießer. Und wer sich traut, vertraut dem Wedding-Team und begibt sich mit der Planung und Durchführung seiner ganz individuellen Hochzeitsfeier nach Romrod. Das romantische Standesamt ist nur 50 Meter entfernt und die alte Schlosskirche befindet sich direkt nebenan. Auch Trauungen unter freiem Himmel sind hier möglich. Von den zahlreichen Radwegen im Vogelsberg liegt Romrod am Weg der „Burgentour".

Hotel Schloss Romrod
Alsfelder Straße 7
36329 Romrod

Tel. 0 66 36/9 18 17 00
info@schloss-romrod.com
www.schloss-romrod.com

Das Hochzeitshaus in Schotten

Schotten nennt sich die Stadt am grünen Vulkan. Bei Radfahrern ist die Stadt beliebt; hier treffen sich die Radwege Hoherodskopf-Steig, Mühlentour und der Niddaweg von Frankfurt her. Vom Motorsport begeisterte Menschen kennen Schotten wegen des legendären Schottenrings und der Rennen zum Bergpreis und wegen des Classic Grand-Prix, veranstaltet vom Motorsportclub Rund um Schotten e. V. (www.schottenring.de).

Das schmucke Hochzeitshaus

Mitten in der sehenswerten Altstadt, gegenüber dem Fachwerk-Rathaus von 1512 und in der Nähe der Liebfrauenkirche mit dem Marienaltar von 1385, steht das renovierte Hochzeitshaus, ein schöner Fachwerkbau, der um 1540 auf älterem Fundament errichtet wurde. In diesem Haus wurden einst Hochzeiten und andere Feste gefeiert, und so erhielt es seinen Namen.

Jetzt ist es ein Hotel garni (vier DTV-Sterne) mit einem bemerkenswerten Öko-Konzept und mit Super-Candlelight-Frühstück. Der Fahrrad-Club ADFC lobt das Hochzeitshaus.

StattHotel Hochzeitshaus
Marktstraße 8
63679 Schotten
Tel. 0 60 44/98 98 90 oder 20 00
schlafen@hochzeitshaus-schotten.de
www.hochzeitshaus-schotten.de

In Lauterbach hab ich mein Strumpf verlorn

Ein Strumpfmachergeselle kam einst nach Lauterbach und fand Aufnahme bei einer Meisterin, die Gefallen an dem Burschen fand. Bald kam der Winter und beide kuschelten sich nachts in ein warmes Bett. Die Meisterin wähnte, das große Liebesglück gefunden zu haben. Doch als der Frühling kam, wurde die Wanderlust des Gesellen geweckt und er packte sein Bündel, sie packte die Wut, schimpfte ihn einen Strolch und warf seine Habseligkeiten auf die Straße. An der Stadtgrenze erst merkte der Geselle, dass ein Strumpf fehlte.

Auf seinen Wanderungen traf er einen Liedermacher, und zusammen dichteten und komponierten sie das Lauterbacher Strumpflied, das heute noch gesungen wird. Dessen zweite Strophe beginnt: In Lauterbach hab ich mein Herz verlorn.

Denkmal für den Strolch, der Strumpf und Herz verloren hat

Zu den vielen Lauterbacher Sehenswürdigkeiten gehört das Strolchdenkmal. Freizeitspaß gibt es im Freizeitzentrum mit Wellenbad, Freibad, Sauna, Kletterwand, Minigolf und anderen Angeboten. Golf und Reiten lassen sich auf Schloss Sickendorf erleben. Mehr Freizeitspaß hat das Touristcenter parat.

info@lauterbach-hessen.de
www.lauterbach-hessen.de

Vulkanradweg und Vulkan-Express

Eine Vielzahl von Radwegen führt durch den Vogelsberg. Der Vulkanradweg ist der bekannteste. Er beginnt in Glauburg-Glauberg und führt nach Nordosten. Einige Orte an der Strecke sind Ortenberg, Hirzenhain, Gedern, Hartmannshain, Grebenhain und Herbstein. Der Weg endet nach 65 Kilometern in Lauterbach. Die Tour ist leicht ansteigend (von Glau-

Einst dampfte hier
die Eisenbahn

berg her) oder abfallend (von Lauterbach) und kann in zwei Etappen zum Beispiel bis Hartmannshain erfahren werden. Der Weg ist mit feinem Asphalt belegt und verläuft auf der stillgelegten Trasse der Oberwaldbahn.

Vom 1. Mai, der auf dem Hoherodskopf mit dem großen Vulkanfest gefeiert wird, bis Ende Oktober sind an den Sams-, Sonn- und Feiertagen die Busse des Wetterauer und Vogelsberger Vulkan-Expresses unterwegs. Die Busse bringen die Wanderer und Radler zu den verschiedenen Ausgangsorten ihrer Touren und fahren die Ausflügler wieder zurück. In Bus-Anhängern werden die Fahrräder kostenlos transportiert.

Die Broschüre mit Ausflugstipps und die Fahrpläne gibt es bei der VGO Verkehrsgesellschaft Oberhessen mbH in Alsfeld und Friedberg und im Internet.

info@vogelsberg-touristik.de

www.vogelsberg-touristik.de

www.vgo.de

Freizeitparadies Hoherodskopf

Der höchste Berg des Vogelsbergs ist der Taufstein mit 773 Metern über NN. Die benachbarte Anhöhe des Hoherodskopf ist mit 764 Metern kaum niedriger. Der Hoherodskopf-Steig verbindet Schotten mit Hartmannshain am Vulkanradweg und führt über die Anhöhe.

Der Hoherodskopf ist ein Ausflugsziel zu allen Jahreszeiten. Auf verschwiegenen Wanderwegen wird die Einsam- oder Zweisamkeit zum natürlichen Erlebnis. Im Frühling ist das Erwachen der Natur zu erleben, im Sommer geben die Buchenwälder erquickenden Schatten und die Bergluft spendet kühle Brisen. Der Herbst verzaubert die Menschen mit seinen bunten Farben. Und im Winter ist das Gebiet ein Wintersportparadies.

Auf dem Hoherodskopf gibt es außer den Wanderwegen tolle Mountainbike-Strecken, einen Kletterwald, eine Sommerrodelbahn und einen großen Kinderspielplatz. Im Winter warten gespurte Loipen auf die Ausflügler, die längste Rodelbahn Hessens, Skilifte und eine fantastische Schneelandschaft.

hoherodskopf@tourist-schotten.de

www.hoherodskopf-info.de

Der Vogelsberg ist zu jeder Jahreszeit ein Paradies

Die Kelten am Glauberg

Der Glauberg ist ein Ausläufer des Vogelsbergs am östlichen Rand der Wetterau. 271 Meter hoch, erstreckt sich das Plateau auf 800 mal 200 Metern. Seit 5000 v. Chr. siedelten hier Menschen. Ein Teich auf dem Plateau sicherte die Wasserversorgung. Vor etwa 2.500 Jahren war der Berg Sitz eines keltischen Fürsten. Im Mittelalter siedelten hier Alemannen, Franken und Frankfurter Patrizier, deren staufische Turmburg im 13. Jahrhundert zerstört wurde. Damit endete die Besiedlung des Bergs. Das Plateau mit den Fragmenten der Bauwerke ist frei zugänglich.

Seit 1994 wurden auf dem Glauberg sensationelle Funde getätigt. Reich ausgestattete Gräber wurden geöffnet, Teile von drei Statuen und die lebensgroße Skulptur eines Keltenfürsten gefunden. Der Grabhügel und eine so genannte Prozessionsstraße sind zu besichtigen.

Die archäologischen Funde, Informationen und Inszenierungen sind in einem einzigartigen Museum zu erleben (geöffnet Di. – So. 10 – 18 Uhr).

Das Museum im Archäologischen Park

Die Kelten am Glauberg
Museum und Archäologischer Park
Am Glauberg 1
63695 Glauburg

Tel. 0 60 41/82 33 00
anfragen@keltenwelt-glauberg.de
www.keltenwelt-glauberg.de

Muss auch mal sein: Männer unter sich

Nur für Männer

Männer brauchen manchmal eine Auszeit, müssen auch mal abschalten. Wenn der Beruf oder die Liebe zu viel Stress machen, hilft die Männerwoche im Vogelsbergdorf Herbstein am Vulkanradweg. Derweil kann ja die Liebste eine Wellness-Woche in Bad Salzhausen genießen.

Die Männerwoche beginnt am Sonntag ab 18 Uhr und dauert bis Freitag nach dem Frühstück. Das Programm ist vielfältig und umfasst zum Beispiel Planwagen-Fahrten, auf dem Rücken der Pferde über Stock und Stein, Wandern, Nordic Walking, Fußball, Thermalbad, Sauna, Meditation, Massagen, aber auch solche Punkte wie „Feuer, Wasser, Kräuter, Fleisch, Kartoffeln" oder „Vogelsberger Wurst, selber gemacht". Das Kolping-Feriendorf für Männer jeglichen Alters ist eine gemeinnützige GmbH.

Vogelsbergdorf
Kolping Feriendorf
Kolpingstraße 22
36358 Herbstein

Tel. 0 66 43/70 20
info@vogelsbergdorf.de
www.vogelsbergdorf.de

Fulda und die Rhön

Kultur und grenzenlose Natur

Die Highlights: Dom und Schloss Fasanerie in Fulda, Schäferstündchen im Schäferwagen, Wasserkuppe mit Segelflug und Wintersport, Rhönradweg und Milseburgradweg, Reiten und Rudern, der Liebesweg in Poppenhausen.

Fulda war einst ein geistliches Zentrum in Deutschland und der Lieblingsort von Bonifatius, des Apostels der Deutschen, der im Dom begraben liegt. Fulda liegt am gleichnamigen Fluss, der auf der Wasserkuppe entspringt. Die Rhön rühmt sich, das Land der offenen Fernen zu sein. Das Gebirge erhebt sich in Hessen, Thüringen und Bayern, deren Grenzen nicht mehr wahrzunehmen sind. Und dass die Rhön eine Landschaft der Erlebnisse und Liebe ist, zeigt sich in diesem Buch.

Der „Goldene Karpfen“ im altehrwürdigen Fulda

Der Dom, in dessen Krypta der heilige Bonifatius begraben liegt, ist das Ziel der 180 Kilometer langen Bonifatius-Route, die in Mainz beginnt und in Etappen ergangen wird. Der Dom ist Hessens bedeutendste Barockkirche und wurde ab 1704 errichtet. Die Besichtigung des Doms ist täglich nur außerhalb der Gottesdienste und Orgelmatineen möglich.

Der romantische Goldene Karpfen

Zu den Sehenswürdigkeiten von Fulda zählt auch die südlich in Eichenzell gelegene Sommerresidenz der Fuldaer Fürstbischöfe. Heute ein Museum, kann es von April bis November von 10 bis 17 Uhr bei Führungen besichtigt werden.

In der sehenswerten Altstadt von Fulda ist das Romantik-Hotel „Goldener Karpfen“ Ausgangsort der Ausflüge in die Stadt und in die Rhön. Das Restaurant erfreut jeden Gast mit seiner ausgezeichneten regionalen Spezialitätenküche (geöffnet tägl. von 11 – 23 Uhr). Die Familie Tünsmeyer bietet in modernen Designzimmern und anheimelnden Romantikzimmern einen unvergesslichen Aufenthalt. Auch attraktive Arrangements wie der „Kultur-Sonntag“ oder „Opernabend aus der MET“ mit Übernachtung und Verwöhnmenü gehören zum Angebot des „Goldenen Karpfen“.

tourismus@fulda.de
www.tourismus-fulda.de

Goldener Karpfen
Romantik-Hotel und Restaurant
Simpliziusbrunnen 1
36037 Fulda

Tel. 06 61/8 68 00
info@hotel-goldener-karpfen.de
www.hotel-goldener-karpfen.de

Der neue rote Schäferwagen

Schäferstündchen im Schäferwagen
Östlich der Wasserkuppe liegt Ehrenberg mit dem Ortsteil Seiferts, in dem „krenzers rhön" mit vielerlei Attraktionen aufwartet. Da ist die Krone, das erste und einzige Rhönschaf-Hotel, in dem die Apfel-, Rhönschaf- oder KuschelSchaf-Zimmer zu lustvollen Nächten einladen. Wellness heißt hier WollNess, die sich bei einem Saunabesuch in einem Schäferwagen einstellt. Krenzer hat mehrere Schäferwagen, in denen Übernachtungen zum „schaafen" Vergnügen geraten. Neu ist der rote Wagen mit französischem Bett und mit einem Holzofen. Die Wagen stehen malerisch auf einer Streuobstwiese.

Zum Rhönerlebnis bei Familie Krenzer gehört auch die Gastronomie (geöffnet tägl. 11 – 21 Uhr) mit köstlichen Lammgerichten. Apfelwein und ApfelSherry aus der eigenen Kelterei kommen auf den Tisch. Die Krone ist natürlich auch ein Platz zum Feiern. Und Ausgangsort für Wanderungen und Radtouren.

krenzers rhön
Eisenacher Straße 24
36115 Ehrenberg-Seiferts
Tel. 0 66 83/9 63 40

krone@rhoenerlebnis.de
www.rhoenerlebnis.de
www.apfelsherry.de

Die Wasserkuppe – der große Erlebnisberg

Mit 950 Metern Höhe über NN ist die Wasserkuppe der höchste Berg der Rhön und die höchste hessische Erhebung. Eine Straße von Gersfeld her und viele Wanderwege führen hinauf, wo in der Nähe des Rhön-Info-Zentrums Parkplätze sind. Oben auf dem Gipfel erhebt sich eine große Kuppel, die einst nahe der deutsch-deutschen Grenze als Radom die Radargeräte im Innern schützte. Heute finden hier Veranstaltungen statt, und Trauungen werden in dieser Außenstelle des Standesamts Gersfeld gefeiert. Ehen werden zwar nicht im Himmel geschlossen, aber hier ziemlich nahe dran.

Dem Himmel nahe sind auch die Flieger. Auf der Wasserkuppe gibt es einen Flugplatz für Segel- und Motorflugzeuge, Drachen- und Gleitschirmflieger. Flugschulen lehren die Kunst des Fliegens. Ohne Anstrengung lassen sich Rundflüge genießen. Und weil die Wasserkuppe als „Wiege des modernen Segelflugs" gilt, ist hier das Deutsche Segelflugmuseum zu besichtigen.

Nicht himmelwärts, rasant abwärts geht es mit der Sommerrodelbahn und dem Rhönbob. Am Fuß der Wasserkuppe lädt der Guckaisee zwischen Pferdskopf und Eubeberg zum Baden und Sonnen ein. Nicht nur im Sommer, auch im Winter

Schneeparadies Wasserkuppe

ist die Wasserkuppe ein herausragender Berg, dann wird Wintersport groß geschrieben. Ski- und Rodelmöglichkeiten sind hier meist gut bis sehr gut, Auskunft gibt das Schnee-Telefon 0 66 54/12 11 und 0 97 72/212.

Der Winter, hier mehrere Monate lang, ist die Saison für die Wintersportler aller Art. Die Skilifte bringen die Abfahrtsläufer und Snowboarder nach oben. Die Langläufer benutzen voller Freude die gespurten Loipen. Die Snowkiter steigen im freien Bereich des Flugplatzes gen Himmel. Auch die Winterwanderer und die, die mit Schneeschuhen auf Tour gehen, genießen das Schneeparadies Wasserkuppe.

Sommers wie winters sorgen Hotels, Ferienwohnungen und Ferienhäuser in der Rhön für angenehmen Aufenthalt in einer berückenden Landschaft, deren Höhepunkt die Wasserkuppe ist.

tourismus@rhoen.de
www.rhoen.de
www.wasserkuppe-rhoen.de

Milseburgradweg und Rhönradweg

Auf der ehemaligen Trasse der Rhönbahn zwischen Petersberg-Götzenhof über Hofbieber nach Hilders erstreckt sich der 27

Mit dem Fahrrad die Rhön erleben

Kilometer lange asphaltierte Milseburgradweg, zugleich Teil des Hessischen Fernradwegs R3. Die Strecke ist gesäumt mit Sehenswürdigkeiten und Freizeitangeboten. So empfiehlt es sich, in mehreren Etappen die Strecke zu erfahren; viele Gasthöfe und Hotels bieten Unterkunft an.

Der Weg ist nach Milseburg benannt, einem 835 Meter hohen Berg östlich von Fulda, auf dem keltische Ringwälle und die Reste einer kleinen Burg zu finden sind. Einst lebte hier der Riese Mils, der mit seinem Kumpel, dem Teufel, Unfug trieb. Der heilige Gangolf besiegte den Riesen, der darauf aus Scham Selbstmord beging. Der Teufel bedeckte die Leiche mit Steinen, und so entstand der Berg.

Für die Eisenbahn wurde 1889 ein 1.127 Meter langer Tunnel gebaut, der nun vom 15. April bis zum 31. Oktober für die Radfahrer geöffnet ist. Eine vier Kilometer lange Umfahrungsstrecke ist vorhanden.

Der Rhönradweg führt von Bad Salzungen über Hilders nach Hammelburg. Die 180 Kilometer lange Strecke führt auch durch das Biospärenreservat.

Der Rhön-Rad-Bus, Linie 90, fährt vom 1. Mai bis 3. Oktober ab Fulda und ab Gersfeld über die Wasserkuppe. In einem Anhänger können Fahrräder transportiert werden. Der Fahrplan und das Liniennetz sind im Internet zu finden.

info@milseburg-radweg.de
www.milseburgradweg.de
www.rhoen.de

Mit Bike, Pferd und Kanu unterwegs

Der Hochrhönring ist die Rhöner Route 66. Der 42 Kilometer lange Rundkurs für Motorradfahrerinnen und Motorradfahrer und für Partner im Beiwagen beginnt in Poppenhausen (Wasserkuppe). Das Malerdorf Kleinsassen ist die nächste Station, die Fahrt führt weiter nach Rupsroth, Dietges, Abtsroda, die Wasserkuppe hinauf, nach Obernhausen hinunter, über Gersfeld wird wieder Poppenhausen mit dem Guckaisee erreicht. Unterwegs ergeben sich fantastische Aussichten in die grenzenlose Ferne.

Reiter bei Bernshausen

Für Reiter ist die Rhön ein Paradies. Ob mit eigenem Pferd oder einem Leihpferd, ob braves Wanderreiten oder Westernreiten wie die Cowboys – alles ist möglich. Die verschiedenen Reiterhöfe stellen sich im Internet vor.

Auf der Wasserkuppe sprudeln manche Quellen. Auch die Fulda entspringt hier. Ab Fulda ist der Fluss ein ideales Revier für Kanutouren. Wer es braucht, erhält eine Einweisung in die Fluss- und Paddeltechnik oder nimmt einen Guide mit auf die Tour.

www.rhoen.de
www.highland-trekking.de
www.wiesenkoehler.de
www.ride-west.de
www.stockborn-ranch.de
www.reitundferienpark.de
www.rhoenranch.de
info@kanu-fulda.de
www.kanutours-fulda.de

Der Poppenhausener Liebesweg

Im Luftkurort Poppenhausen an der Wasserkuppe wandeln Verliebte auf dem Liebesweg, der 2,5 Kilometer lang ist. Der Weg beginnt außerhalb von Poppenhausen in Richtung des Ortsteils Gackenhof, wo ein großer Herzbogen durchschritten wird. Auf einer Tafel ist in 100 Sprachen einschließlich der Gebärdensprache zu lesen: „Ich liebe dich".

Für Unterhaltung auf dem Weg sorgen vielfältige Liebeszitate, die auf Tafeln zu lesen sind.

Die nächste Station auf dem Weg ist eine anatomisch geformte Liegebank. Ein Stück weiter lässt es sich auf der Herzbank gut ruhen, und niemand verbietet das Küssen und Kosen. Die nächste Station ist eine Doppelschaukel, auf der sich die Paare mit Glücksgefühlen in die Höhe schwingen. Am Glückskleeblatt kann ein Erinnerungsfoto gemacht werden. Die nächste Station heißt „Schlossherz". Hier können Liebende ein Schloss anschließen und den Schlüssel auf ein Nimmerwiedersehn in eine Bodenhülse fallen lassen. In der Tourist-Information gibt es Schlösser, in die Namen eingraviert werden. Am Ende des Wegs, wo ein Hochzeitspavillon als Außenstelle des Standesamts errichtet ist, bietet eine Bank Gelegenheit, die Ansicht des Orts und das Panorama der Kuppen-Rhön und natürlich die Liebe zu genießen.

Das Kleeblatt auf dem Liebesweg

info@poppenhausen-wasserkuppe.de

www.poppenhausen-wasserkuppe.de

Bad Hersfeld und Waldhessen

Wellness inmitten von Natur und Kultur

Die Highlights: Die Stiftsruine und die Festspiele, Thermalis und Kurbad Therme, Erlebnis-Museum „wortreich“, Goebel’s Prinz von Hessen, Rotenburg an der Fulda, Bebra mit den Breitenbacher Seen.

Der Landkreis Hersfeld-Rotenburg, nördlich vom Landkreis Fulda und dem Vogelsbergkreis, umfasst ungefähr das Gebiet, das Waldhessen genannt wird. Die Fulda und andere Gewässer durchfließen die Täler der waldreichen Landschaft. Aus dem reichen Angebot für Wellness und Gesundheit, Natur und Kultur, Ruhe und Bewegung ist auf den folgenden Seiten eine kleine Auswahl präsentiert, um die Zeit zu zweit zu einer unvergesslichen Abfolge schöner Erlebnisse zu gestalten.

Bad Hersfeld – Stadt für alle Sinne

Im reizvollen mittleren Fuldatal liegt Bad Hersfeld, berühmt ob ihrer Kurbad Therme und der Stiftsruine. Mitten in den damals unwegsamen Wäldern gründete der angelsächsische Mönch Lullus, ein Gehilfe des Bonifatius, dann dessen Nachfolger als Bischof von Mainz und erster Erzbischof von Mainz, im Jahr 769 in Hirschfeld ein Kloster, in dem Lullus am 16. Oktober 786 starb. Dieser Tag ist sein Gedenktag und Mitte Oktober wird in Bad Hersfeld das große Lullusfest gefeiert – seit mehr als 1150 Jahren.

Haupteingang der Stiftsruine

Die Stiftskirche des Klosters wurde 1761 durch ein Feuer zerstört. Sie war die größte Basilika im romanischen Stil nördlich der Alpen und ist heute die größte romanische Kirchenruine der Welt.

Die Stiftsruine dient zwischen Mitte Juni und Mitte August als Freilichtbühne der Bad Hersfelder Festspiele. In dieser einmaligen Spielstätte werden Schauspiele und Musicals aufgeführt. Für jeden Geschmack gibt es das passende Stück.

info@bad-hersfeld.de

www.badhersfeld-tourismus.de

www.bad-hersfelder-festspiele.de

Das Wohlfühl-Hotel Thermalis

Inmitten des prämierten Parks der Jahreszeiten in Bad Hersfeld, der als zweitschönster Park Deutschlands gilt, liegt das moderne Vier-Sterne-Hotel. Das Thermalis hat nicht nur dieselbe Anschrift

Das Hotel Thermalis im Park der Jahreszeiten

wie die Kurbad Therme, es hat auch einen direkten Zugang zur Therme. Und exklusiv für die Gäste des Hotels gibt es das kostenfreie Frühschwimmen in der Therme von 7 bis 9.30 Uhr.

Das Thermalis ist ein Wellnesshotel und bietet verschiedene Verwöhn-Arrangements an. Zum Beispiel „Atempause", bei dem die Wellness-Anwendungen individuell dazugebucht werden, oder das Arrangement „Fitmacher" oder „Beziehungsweise", das Wellness zu zweit bietet. Für Theaterfreunde gibt es im Sommer das „Festspiel"-Arrangement einschließlich Eintrittskarten für die berühmten Bad Hersfelder Festspiele.

Für das leibliche Wohlfühlen wird im Restaurant „Rossa" (geöffnet tägl. 7 – 22 Uhr) und in der Bar/Lounge gesorgt. Ein Highlight im Sommer ist die Sonnenterrasse mitten im Kurpark.

Hotel Thermalis
Am Kurpark 10
36251 Bad Hersfeld

Tel. 0 66 21/79 64 90
info@hotelthermalis.de
www.hotelthermalis.de

Wellness & Beauty in Bad Hersfeld

In der Kurbad Therme, einer Oase zum Entspannen, Genießen und Wohlfühlen, erwartet den Wellness-Gast nicht nur eine Badelandschaft mit Gegenstromanlage, Sprudelliegen, Massagedüsen und Wassergrotte, sondern auch ein wunderbares Saunaparadies. Die orientalischen Anwendungen wie Rasul und Hamam sind Vorbereitungen für 1001 und noch mehr lustvolle Momente. Massagen verschiedener Arten werden hier verabreicht. Das Beauty-Studio sorgt für die Schönheit und bedient sich der vielfältigen Wirkstoffe des Meeres.

Ob Tagesaufenthalt oder Urlaub – die Kurbad Therme bietet eine Vielzahl von Pauschalangeboten für Wellness & Beauty. Die Therme ist geöffnet Mo. – Mi.14 – 22 Uhr, Do. und Sa. 10 – 22 Uhr, So. und Feiert. 10 – 20 Uhr; Damensauna ist Do. 10 – 14 Uhr.

Kurbad Therme
Am Kurpark 10
36251 Bad Hersfeld

Tel. 0 66 21/7 95 09 10
info@kurbad-therme.de
www.kurbad-therme.de

Ein Ort für Wellness & Beauty – die Kurbad Therme

Romeo und Julia
„wortreich" mit Happy End

Das Erlebnis-Museum „wortreich"

Hier dreht sich alles um Sprache und Kommunikation. Gemeinsam Spaß haben im neuen Erlebnis-Museum „wortreich" in Bad Hersfeld am Benno-Schilde-Platz steht im Mittelpunkt (geöffnet Mo. – Fr. 9 – 17 Uhr, Sa., So., Feiert. 11 – 18 Uhr). An rund 90 Mitmach-Stationen kann nicht nur gehört, gesehen und ausprobiert werden. „wortreich"-Gäste können mit den Augen schreiben, mit Worten Basketball spielen, Romeo und Julia werden, ein virtuelles Graffiti sprühen und ausprobieren, wer besser entspannen kann. Verliebte können gemeinsam entdecken oder gegeneinander spielen – spannende Stunden zu zweit sind im „wortreich" garantiert.

www.wortreich-badhersfeld.de

Radwandern in Waldhessen

Die Kur- und Festspielstadt Bad Hersfeld hat für ihre Gäste einige Radtouren rund um Bad Hersfeld ausgearbeitet, auf denen sich die landschaftlichen Schönheiten der Natur und die Sehenswürdigkeiten aus Geschichte und Gegenwart erleben lassen. Vielfältig sind die Möglichkeiten, unterwegs zu rasten oder einzukehren.

www.badhersfeld-tourismus.de/outdoor/radtouren

Zu Gast beim Prinz von Hessen

Etwa zwölf Kilometer östlich von Bad Hersfeld liegt Friedewald. Das Schlosshotel ist eine Melange aus historischer Bausubstanz und modernen innenarchitektonischen Aperçus. Reminiszenzen an eine Zeit, als noch Landgrafen hinter wuchtigen Mauern der Wasserburg das Leben genossen, werden lebendig.

Heute werden Gäste in der „First Class Destination" verwöhnt und genießen Wellness-Deluxe mit einer großen Wellness- und Spa-Landschaft mit Schwimmbad, Saunen, Ruheraum, Fitnesscenter und Sonnenterrasse.

Das Team umsorgt die Gäste mit Bädern, Massagen, Gesichts- und Körperbehandlungen sowie exotischen Anwendungen. Arrangements verführen zum Aufenthalt: Genießer-, Romantik- oder Schokoladen-Wochenende, Golf Time, Beauty und Wellness, Kuscheltage.

Das Hotel mit der historischen Wasserburg ist ein Ort für wunderschöne Hochzeiten; ein eigenes Standesamt ist vorhanden. Von der Dekoration über das festliche Menü, von der Hochzeitstorte bis zur süßen Hochzeitsnacht kann alles arrangiert werden. Natürlich auch für lesbische oder schwule Paare.

Göbel's Schlosshotel
„Prinz von Hessen"
Schlossplatz 1
36289 Friedewald

Tel. 0 66 74/9 22 40
info@goebels-schlosshotel.de
www.goebel-hotels.com/friedewald

Das Schlosshotel mit der Wasserburg

Bebra – ein Paradies für Eisenbahnfreunde und Sportler

Bebra war einst ein bedeutender Eisenbahnknotenpunkt. Daran erinnert der Wasserturm für die Dampflokomotiven. Rund um den historischen Turm, der als Eisenbahnmuseum dient, erstreckt sich das Gelände, auf dem die schmalspurigen Museumseisenbahnen zu den Öffnungszeiten verkehren (Apr. – Sept. jeden ersten So. im Monat.

Die Breitenbacher Seen beim Stadtteil Breitenbach, etwa einen Kilometer von der Kernstadt entfernt, sind mit einer Wasserfläche von 17 Hektar die größte Seenfläche in Waldhessen.

Ein Wegenetz dient den Wanderern, Läufern, Radlern und Skatern. Wer auf den Seen segeln oder surfen will, tut dies in

Ein kleiner Teil der großen Breitenbacher Seen

Absprache mit dem Segelclub Bebra e. V. Schwimmer und Planscher tummeln sich im Wasser. Eine Flotte von Tretbooten wartet auf die Strampler.

In den Breitenbacher Seen und in der Fulda wimmelt es von Fischen. Angler wenden sich an den Sportangler-Verein Bebra wegen der Angelerlaubnis. Wer länger die Seen genießen will, reist mit dem Wohnmobil an, Stellplätze gibt es am Wasser.

touristinfo@bebra.de

www.bebra.de

Fachwerkidylle Rotenburg an der Fulda

Die Nachbarstadt Bebras ist Rotenburg an der Fulda, benannt nach einer Burg der Landgrafen von Thüringen.

Die Stadt liegt reizvoll in dem engsten Talabschnitt der Fulda, die bewaldeten Berghänge reichen bis an die Stadt heran. Bei einem Bummel durch das Landgrafenstädtchen sind die historischen Gebäude wie das Schloss mit der Parkanlage, Rathaus, Jakobikirche, Hexenturm und Bürgerturm sowie die gepflegten farbenprächtigen Fachwerkhäuser zu bestaunen. Hübsch anzusehen sind die zahlreichen Bronzefiguren. Die elf Figuren sind im Stadtgebiet verteilt und stellen Liebenswertes aus dem Alltag dar. Für die künstlerische Umsetzung sorfte Prof. Ewald Rumpf. Halten Sie während eines Stadtbummels Ausschau nach der Familienidylle oder nach dem Tratsch der Marktweiber.

Eine interessante Führung durch das Wasserkraftwerk der Familie Haag (Hinter der Mühle 4, Anmeldung unter Telefon 0 66 23/74 55 oder bei der Tourist-Info) findet jeden Dienstag um 18.30 Uhr statt. Dabei erfahren die Besucher viel über Wasserkraft in Deutschland, besichtigen das Werk mit seinen Turbinen, die Fischtreppe und die Rechenreinigungsanlage.

Zahlreiche Wanderwege führen hin zum höchsten Punkt des Kreises Rotenburg. Ein angenehmer Wanderweg beginnt am Parkplatz des Herz- und Kreislaufzentrums. Von hier führt der markierte, 6,5 Kilometer lange Weg bis zur Alheimer Hütte, einem Gasthaus, das hier schon seit über 100 Jahren Gäste bewirtet (geöffnet Sa. ab 12.30 Uhr, Mai – Okt. auch Fr. ab 12.30 Uhr, So. und Feiert. ab 10 Uhr). Nach einer Stärkung geht es noch weiter 1,5 Kilometer bergauf bis zum Alheimer Turm. Wer die schöne Aussicht genießen will, muss 111 Stufen bis zur Aussichtsplattform überwinden.

tourist-info@rotenburg.de

www.rotenburg.de

Eschwege und Hoher Meißner

Im Werratal und im Reich der Frau Holle

Die Highlights: Die Werra und der Hohe Meißner, Frau Holle und der Dietemann, Schloss Wolfsbrunnen und der Werratalsee, Bergwildpark und Mohnblüte, Bad Sooden-Allendorf, Flusswandern, Radwandern, Premium-Wanderwege.

Der Werra-Meißner-Kreis mit der Kreisstadt Eschwege ist ungefähr das Gebiet, das als Erlebnislandschaft auf den folgenden Seiten mit einigen touristischen Höhepunkten vorgestellt wird. Zu ihnen zählt auch der Hohe Meißner, der „König der nordhessischen Gebirge". Naturfreunde freuen sich über die vielen Wege durch die Natur – zu Fuß, mit dem Fahrrad, per Kanu oder mit der Kutsche. Die Dörfer und Städte in dieser Region warten mit ihren Sehenswürdigkeiten auf.

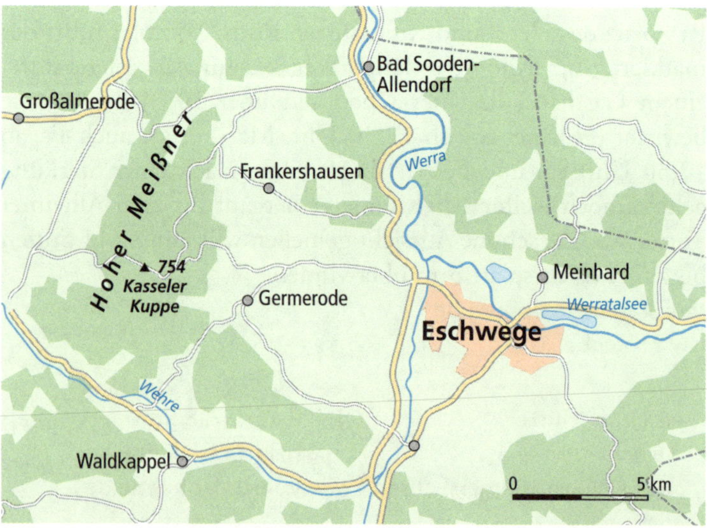

Schloss Wolfsbrunnen ist ein romantischer Ort

Romantische Momente in Schloss Wolfsbrunnen
Über Werra und Werratalsee, fünf Kilometer von Eschwege entfernt, ließ sich der Königliche Kammerherr und Landrat Alexander von Keudell zwischen 1904 und 1906 ein Schloss im Stil der Neorenaissance erbauen. Es thront am Hang des Großen Dachsbergs inmitten eines schönen Parks, der zum Wandeln einlädt.

Schloss Wolfsbrunnen ist heute ein Luxury VIP Hotel mit Wellness- und Fitness-Bereich. Romantische Herren geleiten nun ihre Herzensdamen ins Schloss. Und wenn der Herr seine Herzensdame in die Kammer bringt, offenbart sich ihnen ein anspruchsvolles und romantisches Ambiente. Arrangements wie „Romantische Momente", „Candlelight" oder „Fit for Fun", „Klassik im Schloss" und die vielen lukullischen Veranstaltungen, die Themen gewidmet sind, wie die „Tour durch Europa", die den Köstlichkeiten einzelner Länder gewidmet ist. Und immer wieder lädt das Schloss zu Feiern, Bällen, Ausstellungen und Messen ein.

Schloss Hotel Wolfsbrunnen
Am Berg 1
37276 Meinhard
Tel. 0 56 51/33 57 90
info@schloss-wolfsbrunnen.de
www.schlosshotel-wolfsbrunnen.de

Eschwege im Erlebnisland Werra-Ems

Die Kreisstadt Eschwege weist mehr als 1.000 schmucke Fachwerkhäuser auf. Zu den Sehenswürdigkeiten gehört der romantische Sophiengarten im Herzen der Altstadt, am Südhang des Schulbergs direkt neben dem Stadtmuseum. Die 1.000 Jahre alte Anlage wird rekultiviert und neu gestaltet. In fünf Ebenen aufgeteilt, verbinden Treppen, Steingärten und Rosenbögen die Ebenen. Zu jeder Jahreszeit zeigt der Garten seine zauberhaften wechselnden Ansichten. Verliebte lustwandeln gern auf den Pfaden des Sophiengartens.

Die Stadt ist mit Türmen geschmückt. Am Rathaus entzückt das reizende Glockenspiel. Und auf dem Eschweger Landgrafenschloss haust der Dietemann im Pavillon, einem Türmchen auf dem Schloss. Er ist die Verkörperung des typischen Eschweger Einwohners. Als Teil einer Kunstuhr bläst er zu jeder Stunde in sein Horn.

Die Tourist-Information bietet Stadt- und Erlebnisführungen an. Besonders beliebt ist die Altstadtführung „Fachwerk, Türme und der Dietemann“.

tourist-info@werratal-tourismus.de
www.werratal-tourismus.de
www.sophiengarten-eschwege.de

Alle Jahre wieder blüht der Mohn

Von etwa Ende Juni bis zum Ende der Blütezeit im Juli erstrahlen die Mohnfelder bei Germerode in ihrem zauberhaften Violett. Es ist nicht der rote Klatschmohn, sondern der Schlafmohn, eine Pflanze, die schon vor 8.000 Jahren als Nutzpflanze angebaut wurde – auch zur Opiumgewinnung.

Keine Angst: der Mohn von Germerode ist opiumfrei. Aber die Farben der Mohnfelder sind berückend. Ein etwa drei Kilometer langer Mohnwanderweg führt durch die Felder. Er beginnt am Mohnparkplatz in Germerode und kommt auch zum Mohnfeldcafé (geöffnet während der Blütezeit Mo. – Fr. ab 11 Uhr, Sa., So. ab 10 Uhr), in dem köstliche Mohnspezialitäten aufgetischt werden. Ein Planwagen-Pendelverkehr verbindet das Café mit dem Mohnparkplatz am Sportplatz Germerode. Auch auf geführten Wanderungen lässt sich die bunte Zeit der Mohnblüte erleben.

Bitte vergessen Sie nicht die Kamera. Zum einen, um die Liebste/den Liebsten inmitten der Blüten festzuhalten. Zum andern prämiert der Mohnblüten-Fotowettbewerb die schönsten Mohnfotos (Einsendeschluss ist der 31. August per Mail, nur ein Foto pro Teilnehmer). Das allerschönste Mohnfoto wird mit einem mehrgängigen Mohnmenü im Landhotel und Restaurant Meißnerhof in Germerode belohnt. Wer nicht gewinnt oder nicht fotografiert, kehrt hier ein und genießt die wunderbaren Mohngerichte. Die Bäckereien im Ort und in der Region bieten verschiedenes, aber immer sehr schmackhaftes Mohngebäck an. Auch am Parkplatz wird es während der Blütezeit ein Mohnlädchen geben. Und wer in Germerode Mohn einkauft, kann auch zu Hause in Mohn schwelgen.

info@naturparkmeissner.de
www.naturparkmeissner.de
www.naturpark-mkw.de/mohnblüte
www.meissnerhof.de

Der prachtvolle Mohn von Germerode

Die große Statue der Frau Holle

Hoher Meißner – Heimat der Frau Holle

Mit seinen 754 Metern über NN ist der Hohe Meißner der höchste Berg Nordhessens. Die blumenreichen Bergwiesen und artenreichen Wälder des Berggebiets gehören zum 931 Hektar großen Naturschutzgebiet Meißner und Meißnervorland.

Die Kalbe, 720 Meter hoch, ist ein beliebter Aussichtspunkt am Ostrand des Hohen Meißner. Am Fuß der Kalbe liegt der Frau-Holle-Teich. Hier steht eine über drei Meter hohe Ulmenholzskulptur der schönen Frau Holle, die vom Künstler Viktor Donhauser und seinem Sohn Ilja geschaffen wurde. Frau Holle, Muttergottheit, die Naturgewalten beherrscht, und Spenderin des entstehenden Lebens, bekannt durch das Grimm-Märchen, ist hier nicht das Hausmütterchen, das beim Aufschütteln der Betten es schneien lässt. Sie gleicht einer urtümlichen Liebesgöttin. Der Frau-Holle-Teich, ein mystisch-positiver Kraftort, ist ein besonders stimmungsvoller romantischer Platz für Paare.

Am Fuß des Hohen Meißner, in der Nähe von Germerode, erstreckt sich der Bergwildpark Meißner (geöffnet Jan. – März, Nov. Sa. und So., Apr. – Okt. tägl. außer Mo.). Fast alle Arten der heimischen Wildtiere leben hier. Das Waldwichtelhaus ist ein Museum, die Wildparkstube ein kleines Gasthaus.

info@naturparkmeissner.de
www.naturparkmeissner.de
www.naturpark-mkw.de/wildpark
www.naturpark-mkw.de/frau-holle

Wasserparadies Werratalsee

Der Werratalsee liegt eingebettet zwischen den Eschweger Leuchtbergen und der Hessischen Schweiz in der Nähe von Eschwege. Auf und an dem schönen See mit der Fläche von 110 Hektar findet der Besucher ideale Voraussetzungen, um hier zu segeln, surfen, rudern und baden. Die Badestellen mit Sandstrand befinden sich am Südufer in Eschwege gegenüber des Fünf-Sterne-KNAUS-Campingparks mit Reisemobilhafen direkt am See und am Ostufer in Meinhard-Schwebda. Beachvolleyballfelder, Boulebahnen, Tischtennis sowie Möglichkeiten zum Kanufahren und Angeln sind weitere Attraktionen am Werratalsee.

Bei einer Rundfahrt mit dem Ausflugsschiff Werranixe erleben Sie die Landschaft einmal aus einer anderen Perspektive. An Bord befindet sich auch eine Außenstelle des Standesamts, sodass Verliebte hier buchstäblich in den Hafen der Ehe einlaufen können.

Der gut ausgebaute Rundweg um den Werratalsee lädt auf insgesamt sieben Kilometern zu einer Rad- oder Inlineskate-Tour bzw. zu einem gemütlichen Spaziergang ein.

tourist-info@werratal-tourismus.de
www.werratal-tourismus.de
www.eschwege.de
www.werranixe.de
www.knauscamp.de

Das schmucke Fahrgastschiff „Werranixe“

Aktiv im Werratal

Der Naturpark Meißner-Kaufunger Wald ist der drittgrößte Naturpark Hessens und zählt zu den schönsten Naturlandschaften Deutschlands. Hier kann man regelrecht "sehsüchtig" werden ob der vielen schönen Aussichten von Felsvorsprüngen, Kanzeln und Türmen. Aber auch der Geruchssinn kommt nicht zu kurz beim Spaziergang vorbei an Bärlauchteppichen in den einzigartigen Buchenwäldern oder über bunte Blumenwiesen.

Am besten entdecken Sie den Naturpark Meißner-Kaufunger Wald auf den 14 Premiumwanderwegen, die mit dem Deutschen Wandersiegel ausgezeichnet wurden.

Im Werratal gibt es für sportlich Aktive und Genuss-Radler vielfältige Raderlebnisse. Rund um die Freizeitseen in Eschwege und Meinhard sowie den Hohen Meißner laden Radrundtouren von sieben bis 95 Kilometer Länge dazu ein, die Region zu erkunden. Beste Touren für Streckenradler sind der Werratal-Radweg, der Hessische Fernradweg R5, die Werra-Fulda-Radtour und der Herkules-Wartburg-Radweg. Im gesamten Werra-Meißner-Kreis stehen außerdem zahlreiche Mountainbike-Trails zur Verfügung. Alle Routen sind per GPS erfasst.

Wer auf dem Wasser aktiv sein möchte, unternimmt eine Kanutour auf der Werra. Auf diesem geschichtsträchtigen Gewässer paddeln Sie an einer wunderschönen Landschaft vorbei, und immer wieder sind Burgen und Schlösser zu sehen. Ihre Kanutour planen Sie am besten mit einer der ortsansässigen Kanu-Stationen wie Krumos.

info@urlaub-werratal.de
www.urlaub-werratal.de
www.werratal-tourismus.de
www.kirschenland.de
www.naturpark-mkw.de
www.krumos.de

Sole und Salz in Bad Sooden-Allendorf

Von der Natur verwöhnt – das ist Bad Sooden-Allendorf. Die Verbindung von sehenswerter Fachwerk-Altstadt, Therme und umgebender Natur macht die Stadt zum idealen Ort für Aus-

Das Gradierwerk in Bad Sooden-Allendorf

flug, Wochenende, Urlaub oder Kur. Die Ausläufer des Hohen Meißner reichen bis an die Stadtmauern, durch die Stadt fließt die Werra mit dem begleitenden Werratal-Radweg.

Dem Salz hat die Stadt ihre Bedeutung zu verdanken. Im Söder Tor, einem Bauwerk von 1704/05, ist das Salzmuseum zu besichtigen (geöffnet Sa., So., Feiert. 14 – 17 Uhr, Apr. – Okt. auch Mi.). Salz und Sole bestimmen die Wirkungen der WerratalTherme (Am Gradierwerk 2), die sich der aktiven Erholung widmet. Wellness, Beauty, Fitness lautet der Dreiklang der Therme, die den Gestressten und Gesunden zu einem wohligeren Leben verhilft. Die WerratalTherme zeichnet sich durch warmes Solewasser aus, bietet sechs verschiedene Saunen an, eine Solegrotte, Dampfbad und Wellenbad (geöffnet tägl. 9.30 – 22 Uhr, Fr. bis 24 Uhr). Ganz neu ist die Totes-Meer-Salzgrotte, die in einer Stunde so guttut wie ein dreitägiger Aufenthalt am Meer. Um Stadt, Natur und Therme gemeinsam zu genießen, gibt es das günstige Partner-Wochenende, buchbar über die Tourist-Information.

Tourist-Information
Landgraf-Philipp-Platz 1-2
37242 Bad Sooden-Allendorf
Tel. 0 56 52/9 58 70
touristinfo@bad-sooden-allendorf.de
www.bad-sooden-allendorf.de

Kassel Stadt und Land

Herkules und Habichtswald

Die Highlights: Weltkulturerbe Bergpark Wilhelmshöhe mit Herkules, Wassertheater und Löwenburg, die Documenta und die Museen, der herrliche Habichtswald und der Hessencourrier.

Kassel, die ehemalige Residenz- und Hauptstadt der Landgrafschaft Hessen-Kassel, ist ein Ort für alle Sinne und für die Sinnlichkeit. Natur und Kultur vereinen sich in den vielfältigen Parkanlagen, und der Naturpark Habichtswald ist ein Paradies für Wanderer und Radfahrer.

Eisenbahnfreunde erleben mit der Museumseisenbahn die eigentümliche Nostalgie auf Schienen. Zur Einstimmung gibt es eine Liebesgeschichte, die weit über Kassel Stadt und Land und weit über ihre Zeit hinausreicht.

Der Prinz und die Tochter des Juweliers
Erbprinz Wilhelm von Hessen-Kassel wurde 1777 geboren, 20 Jahre später mit Augusta Friederike, Tochter König Friedrich Wilhelms II. von Preußen verheiratet. Fünf Kinder zeugte der Prinz mit der Prinzessin – aus Lust und ohne Liebe. Anlässlich eines Besuchs bei den Schwiegereltern in Berlin im Jahr 1812 wollte er beim Juwelier Ortlep den Ring versetzen, der einst sein Verlobungsgeschenk für Augusta war. Der Herr Ortlep war nicht anwesend, seine reizende Tochter Emilie bediente den hohen Kunden. Es muss Liebe auf den ersten Blick gewesen sein. Emilie übersiedelte nach Kassel, bezog ein Palais und wurde schließlich Gräfin Reichenbach-Lessonitz.

1821, nach dem Tod des Vaters, übernahm der Prinz als Wilhelm II. den Thron des Landgrafen und Kurfürsten. 20 Jahre später starb seine Frau Augusta und er heiratete in morganatischer Ehe seine Emilie. Die braven Kasselaner empörten sich. Wilhelm II. übergab die Regentschaft seinem Sohn Friedrich Wilhelm, zog sich nach Hanau, später nach Frankfurt zurück. Hier starb 1843 Emilie. Wilhelm ließ für sie ein prächtiges Mausoleum auf dem Frankfurter Hauptfriedhof errichten.

Allein im Bett langweilte sich Wilhelm. So nahm er Karoline von Berlepsch, die Tochter des Kasseler Stadtkommandanten, zur Ehefrau linker Hand. Wilhelm starb 1847 und wurde in der Marienkirche zu Hanau beigesetzt.

Seine und Emilies Kinder gaben dem Bildhauer Eduard von der Launitz, der den Sarkophag für Emilie mit deren Darstellung in Lebensgröße geschaffen hatte, den Auftrag, auch eine lebensgroße Liegefigur für den ehemaligen Kurfürsten zu fertigen. So liegen nun die Bildnisse beider Liebenden in einem Raum vereint.

Kurfürstlich residieren im Schlosshotel
An der Stelle, an der seit 1767 ein Gasthaus stand, ließ Kurfürst und Landgraf Wilhelm II. ein neues Hotel in der Nachbarschaft des Schlosses Wilhelmshöhe errichten. In seiner Geschichte sah es viele illustre Gäste. Das Schlosshotel mit sei-

Ideal für eine Zeit zu zweit in Kassel: das Schlosshotel

nem Restaurant, das auch Spezialitäten aus Nordhessen auftischt (geöffnet Mo. – So. 12 – 14.30, 18 – 22 Uhr). Der großzügige Wellness-Bereich mit Sauna, Fitnessgeräten und Beauty-Angeboten sollte nicht dazu verführen, keine Ausflüge und Touren in die Stadt und ihre Umgebung zu unternehmen. Verlockende Arrangements wie „Wellness Weekend“, „Bergpark Weekend“, „One Night in Kassel“ oder „Zeit zu zweit“ sind Anlass, dem Ruf zu folgen: Ab nach Kassel!

Schlosshotel
Bad Wilhelmshöhe
Schlosspark 8
34131 Bad Wilhelmshöhe

Tel. 05 61/3 08 80
reception@schlosshotel-kassel.de
www.schlosshotel-kassel.de

Herkules ist der Größte

Herkules, Sohn des Zeus und Halbgott mit gigantischen Kräften, verübte viele Heldentaten. Seine Statue aus Kupferblech, ins Kolossale nachgebildet nach der römischen Kopie des Herkules Farnese, die eine Nachahmung einer griechischen Skulptur ist, ist 9,2 Meter hoch. Der nackte Held, auf eine Keule gestützt, ist das Wahrzeichen der Stadt. Das achteckige Riesenschloss Oktogon ist 30 Meter hoch, darauf erhebt sich eine gleich hohe Pyramide, auf deren Spitze Herkules steht.

Seit Beginn des 18. Jahrhunderts entstand die Anlage, zu der die berühmten Wasserspiele gehören. Vom Oktogon stürzt das Wasser die 210 Meter langen Kaskaden hinunter, bildet unterwegs den Steinhöfer Wasserfall, strömt unter der Teufelsbrücke hindurch zum Aquädukt, einer künstlichen Ruine, zum Fontänenteich, aus dem eine 52 Meter hohe Fontäne aufschießt, schließlich über kleine Wasserfälle zum Lac. Dieses gigantische Wassertheater, eine weltweit einzigartige Inszenierung, wird vom 1. Mai bis zum 3. Oktober jeden Mittwoch, Sonntag und an Feiertagen veranstaltet.

Nachts ist der Herkules ein leuchtendes Lichtspiel, und von Juni bis September werden jeden ersten Samstag im Monat die beleuchteten Wasserkünste aufgeführt.

kassel@kassel.de
www.kassel.de
www.wilhelmshoehe.de

Der Herkules mit den Kaskaden

Die Löwenburg war ein Liebesnest

Eine der vielen Attraktionen in Europas größtem Bergpark, seit 2013 Weltkulturerbe, ist die Löwenburg, die mit Turnierplatz und Burggarten geschmückt ist. Die mittelalterlich anmutende Burg ließ Landgraf Wilhelm IX. von Hessen-Kassel zwischen 1793 und 1801 erbauen. Das Bauwerk entsprang einem typisch romantischen Impuls. Wilhelm IX., seit 1803 Kurfürst Wilhelm I., hatte die Burg errichtet, um hier – fern vom Hof und weitab von seiner Gemahlin – der Minne mit Frau Caroline von Schlotheim zu huldigen. Die Räume ließ Wilhelm prächtig ausstatten mit historischen Möbeln, Gemälden, Tapisserien, Gläsern und Porzellan, Skulpturen, einer Waffensammlung, mittelalterlichen Glasfenstern. Schon als Erbprinz hatte Wilhelm, der damals in Hanau residierte, Wilhelmsbad erbauen lassen und für sich und seine Mätressen die Burgruine als Lustburg errichten und prächtig ausschmücken lassen.

Die Löwenburg und die Burgkapelle sind zu besichtigen (geöffnet Di. – So. 10 – 17 Uhr, Nov. und Febr. nur bis 16 Uhr).

kassel@kassel.de

www.kassel.de

Die romantische Löwenburg mutet mittelalterlich an

Die Documenta-Halle ist ein Kunstwerk der Architektur

Kunst in Kassel

Die prächtigen Bauwerke und die kostbaren Kunstwerke, die in Kassel zu bewundern sind, haben die Untertanen der Landgrafen und Kurfürsten bezahlt – zum Teil mit ihrem Blut und ihrem Leben. Der große Sammler und Bauherr Wilhelm I. hat seine Landeskinder als Soldaten und Kanonenfutter an die Kolonialmächte verkauft.

Schloss Wilhelmshöhe ist heute ein Staatliches Museum für Gemälde alter Meister, für die Antikensammlung und die Grafische Sammlung; der Weißensteinflügel ist das Schlossmuseum.

Die Neue Galerie, Schöne Aussicht 1, nahe dem Stadtzentrum zeigt die deutsche und internationale Malerei ab 1750. Die Öffnungszeiten für die Museen: Di. – So. 10 – 17 Uhr, Mi. bis 20 Uhr.

Ein großes Museum für die Brüder Grimm, die in der Stadt gelebt und gearbeitet haben, ist in Vorbereitung.

Die Documenta ist die weltweit größte Schau der internationalen Gegenwartskunst. Sie findet alle fünf Jahre statt und wird überall in der Stadt inszeniert. Das nächste Mal vom 10. Juni bis 17. Sept. 2017.

www.museum-kassel.de

www.documenta.de

Der Habichtswald bietet vielfältige Naturerlebnisse

Wander- und Radlerparadies Naturpark Habichtswald

Im Norden des Hessischen Berglandes, am Rande der Kulturmetropole Kassel, liegt der Naturpark Habichtswald. Rund 50 Wanderparkplätze laden ein, das Auto stehen zu lassen. Von hier starten Rundwege unterschiedlicher Länge. Entlang der 400 Kilometer Wanderwege findet der Wanderer Schutzhütten, Spielplätze und Ruhebänke vor. Auch überregionale Rad- und Wanderwege durchziehen den Naturpark.

Der Premiumwanderweg Habichtswaldsteig verbindet auf etwa 85 Kilometern Länge die Naturparkkommunen von der Stadt Zierenberg aus mit dem Edersee; acht Extratouren sind ausgeschildert. Hotels und Ferienwohnungen ermöglichen einen längeren Aufenthalt.

Auf dem Dörnberg bei Zierenberg informiert das Naturparkzentrum Habichtswald über das Feriengebiet (geöffnet März – Okt. täglich von 10 – 17 Uhr, in den Wintermonaten wochentags von 12 – 16 Uhr und am Wochenende von 10 – 16 Uhr, montags Ruhetag).

Naturparkzentrum Habichtswald
Auf dem Dörnberg 13
34289 Zierenberg

Tel. 0 56 06/53 33 27
info@naturpark-habichtswald.de
www.naturpark-habichtswald.de
www.habichtswaldsteig.de

Hessencourrier – Nostalgie auf Schienen

Von Kassel-Bad Wilhelmshöhe, vom eigenen Bahnhof im Technologiepark Marbachshöhe in der Nähe vom ICE-Bahnhof Kassel Wilhelmshöhe-Süd, quer durch den Habichtswald über Schauenburg und Bad Emstal führt der Schienenweg nach Naumburg. Der Bahnhof hier dient als Eisenbahnmuseum. Die 33,4 Kilometer lange Bahnlinie der einstigen Kleinbahn Kassel – Naumburg dient nun dem Museumszug Hessencourrier, gezogen von einer der historischen Dampfloks. Saisonbeginn der Fahrten ist Ostern, mit Nikolaus- und Glühweinfahrten endet das Eisenbahnjahr. Die Züge sind bewirtschaftet; hessische Wurstspezialitäten stehen auf dem „Magenfahrplan".

Wanderer können von den einzelnen Stationen aus auf Tour gehen; Fahrräder werden in einem Güterwagen transportiert. Die Museumszüge stehen auch für Sonderfahrten zur Verfügung, zum Beispiel für einen Hochzeitszug. Dann heißt es: Freie Fahrt für die Liebe.

Hessencourrier
Info-Tel. 05 61/80 75 700
oder 05 61/58 15 50
info@hessencourrier.de
www.hessencourrier.de

Der Hessencourrier mit der Dampflok 52 4544, Baujahr 1944

Märchenhaftes Nordhessen

Heimat von Dornröschen und Rapunzel

Die Highlights: Das märchenhafte Dornröschenschloss Sababurg, der Urwald im Reinhardswald, der Weser-Skywalk über Bad Karlshafen.

Ausgangspunkt für Ausflüge und Touren ist das zauberhafte Schloss Sababurg mit dem ältesten Tierpark Europas. Ein außergewöhnliches Erlebnis bietet das Naturschutzgebiet Reinhardswald mit dem Urwald; uralte Bäume, knorrig und bizarr geformt, regen die Fantasie der Besucher an. Lohnenswert ist ein Ausflug zur Burg Trendelburg, wo Rapunzel einst ihr langes Haar herunterließ. Spaziergänger, Wanderer und Wasserwanderer sowie Radfahrer besuchen den Naturpark Diemelsee und das Freizeitparadies Willingen.

Das Dornröschenschloss Sababurg

Bereits die Anfahrt zum Dornröschenschloss in der Grimmschen Heimat Nordhessen ist märchenhaft. Folgen Sie der Deutschen Märchenstraße, die an der Weser entlangführt, weiter geht's durch den Reinhardswald, und schon bald kommt das Dornröschenschloss Sababurg in Sicht. Die Anlage wurde 1334 gegründet, 1810 aufgegeben und Mitte des vorigen Jahrhunderts von der Familie Koseck – welch liebevoller Name – wachgeküsst.

Das märchenhafte Dörnröschenschloss Sababurg

Im Schloss gibt es seit 1590 nach Tieren benannte Kemenaten und Gemächer. Wer Lust hat, spaziert entlang des Märchenrundgangs durch den historischen Garten mit Renaissanceblumen und Rosen, besucht den 135 Hektar großen Tierpark und wandert durch den Urwald Sababurg, Hessens erstes Naturschutzgebiet.

Das romantische Hotel bietet verschiedene Arrangements an unter dem Stichwort „Schlemmen, Schlummern, Schmusen". Dafür steht das Turm-Gemach mit Himmelbett und Whirlwanne zur Verfügung.

Dornröschenschloss Sababurg
im Reinhardswald
34369 Hofgeismar
Tel. 0 56 71/80 80
dornroeschenschloss@sababurg.de
www.dornroeschenschloss.de

Das Märchen vom Dornröschen

Es waren einmal ein König und eine Königin, denen erst nach langer Zeit ein Kind, ein Mädchen, geboren wurde. Der Vater war außer sich vor Freude und veranstaltete ein großes Fest. Dazu lud er auch die weisen Frauen aus seinem Reich ein. Aber es gab nur zwölf goldene Teller, weshalb die dreizehnte weise Frau nicht eingeladen werden konnte.

Endlich wachgeküsst – die Prinzessin und der Prinz

Die weisen Frauen wünschten dem Mädchen Glück und gute Gaben. Als die elfte ihr Sprüchlein aufsagte, stürzte die dreizehnte in den Festsaal und rief: „Die Königstochter soll sich an ihrem fünfzehnten Geburtstag an einer Spindel stechen und auf der Stelle tot umfallen." Da trat die zwölfte Frau hinzu und sagte zu dem Kind: „Es soll aber kein Tod sein, nur ein hundertjähriger Schlaf."

Und so geschah es. Das junge Mädchen ging an seinem fünfzehnten Geburtstag heimlich in eine kleine Turmstube, in der eine alte Frau beim Spinnen saß. Die neugierige Maid griff zur hüpfenden Spindel, wurde gestochen und fiel in einen tiefen Schlaf, ebenso alle Schlossbewohner. Nur die dichte Dornenhecke wuchs und wuchs und wuchs. Manch ein Prinz verfing sich in den spitzen Dornen beim Versuch, die Königstochter zu wecken. Als sich nach 100 Jahren wieder ein Königssohn aufmachte, um Dornröschen zu retten, verwandelten sich die Dornen in duftende Rosenblüten. Der Prinz fand das schlafende Dornröschen. Vorsichtig küsste er sie und sie erwachte, wie alle Schlossbewohner. Schon bald wurde Hochzeit gefeiert, und sie lebten glücklich bis an ihr Lebensende.

Schon fast seit den Zeiten der Brüder Grimm kann dem Volksmund nach Dornröschens Schloss nur Sababurg sein.

Der Reinhardswald, Urwald und Tierpark

Der Reinhardswald gilt als das „Schatzhaus Europäischer Wälder". Zwischen Sababurg und Beberbeck erstreckt sich ein einmaliges Naturgebiet, der Urwald Sababurg, Deutschlands ältestes Waldnaturschutzgebiet von 1907. Hier bringen die mächtigen, viele 100 Jahre alten Eichen mit ihren knorrigen Stämmen und die mehrstämmigen Buchen die Besucher zum Staunen. Wer hier wandelt, wähnt sich wegen der bizarren Stämme und der im Absterben begriffenen Baumriesen in einem Märchenwald. In Deutschland gibt es wohl keinen Ort, an dem so viele alte Bäume zusammen stehen.

Wenn Sie durch den Urwald gehen, brauchen Sie nicht zu befürchten, dass Riesen, Kobolde, Trolle oder bösartige Fabelwesen einen Schabernack mit Ihnen treiben. Wenn's knarrt und knackt, wird es ein altersschwacher, 100 Jahre alter Ast sein, der sich müde zum Boden neigt. Im Reinhardswald haben viele Tiere ihren Lebensraum gefunden, Hirsch- und Nashornkäfer ebenso wie Raubvögel, Hirsche, Wildschweine und Wildkatzen, auch einzelne Wölfe. Sie zu entdecken ist sehr selten.

Sie möchten gern Tiere aus der Nähe betrachten? Dann besuchen Sie den ältesten Tierpark Europas am Fuß des Dornröschenschlosses. Er wurde 1571 von Landgraf Wilhelm IV. gegründet.

www.tierpark-sababurg.de

Der Weser-Skywalk – Schweben über Fels und Wasser

Vom 80 Meter hohen Weser-Skywalk auf den Hannoverschen Klippen bei Bad Karlshafen haben die Besucher einen gran-

Auf dem Himmelsweg schweben über der Weser

diosen Ausblick ins Wesertal, auf das Kronendach des angrenzenden Waldes, auf Bad Karlshafen und Würgassen. Die Plattform ragt rund vier Meter über die Felsen in die Luft hinaus.

Wer nicht lange wandern möchte, nutzt direkt den oberen Parkplatz. Von dort sind es noch etwa 300 Meter auf einem Naturpfad. Für Naturliebhaber und Familien bietet sich der Aufstieg über den rund zwei Kilometer langen Erlebnisweg „Holzweg" an. Er beginnt am Parkplatz der Personenfähre Herstelle-Würgassen.

www.weser-skywalk.de, www.bad-karlshafen.de

Die Wesertherme in Bad Karlshafen

Machen Sie doch einmal einen Wellnesstag in der modernen Wesertherme (geöffnet tägl. 9 – 22 Uhr, Fr., Sa. bis 23 Uhr) mit dem angenehm warmen Thermalsolewasser. Relaxen Sie in der Saunalandschaft und lassen Sie sich im Wellness-Bereich mit Massagen und im Gastronomiebereich von den kreativen Köchen verwöhnen. Besonders romantisch ist das Mondscheinschwimmen bei Kerzenschein, Entspannungsmusik, Edelsteintauchen, Relax-Massagen und einem „Dinner for two".

Wellness zu zweit in der Wesertherme

Wesertherme
Kurpromenade 1
34385 Bad Karlshafen

Tel. 0 56 72/9 21 10
info@wesertherme.de
www.wesertherme.de

Wo sich einst Rapunzel mit ihrem Prinzen vergnügte

Das Rapunzelschloss Trendelburg

Dort, wo sich die Deutsche Märchenstraße und die Deutsche Fachwerkstraße im Tal der Diemel treffen, liegt Trendelburg mit der gleichnamigen Burg aus dem 14. Jahrhundert.

Es war einmal eine Frau, die war schwanger und hatte Heißhunger auf Feldsalat, der auch Rapunzel genannt wird. Den stibitzte ihr Mann aus dem Garten der Nachbarin, die eine Hexe war. Er wurde erwischt und musste der Hexe sein Kind versprechen, um einer Strafe zu entgehen. Das neugeborene Mädchen wurde von der Hexe Rapunzel genannt und in einen Turm gesperrt. Das Mädchen wurde größer, sein Haar länger. Daran kletterte eines Tages ein Prinz in das Turmzimmer. Wie es dann zum Happy End kommt, steht in Grimms Märchen.

Die Trendelburg mit ihrem 38 Meter hohen Hochzeitsturm liegt hoch über der historischen Altstadt und ist heute ein Hotel und Restaurant (geöffnet tägl. 11 – 21.30 Uhr). Hochzeiten werden hier märchenhaft-romantisch gefeiert.

Das Hotel Burg Trendelburg bietet außerdem sagenhafte Arrangements wie „Märchen-Träumerei", „Feenzauberwelt" oder „Rapunzeltage".

Die Trendelburg kann Ausgangspunkt sein für Wanderungen und Radtouren, Angel- und Kanusport.

Hotel Burg Trendelburg
Privathotels Dr. Lohbeck
GmbH & Co. KG
Steinweg 1
34388 Trendelburg
Tel. 0 56 75/90 90
info@burg-hotel-trendelburg.com
www.burg-hotel-trendelburg.com

Naturpark Diemelsee –
Eldorado für Wassersportler und Landratten

Im äußersten Nordwesten unseres Hessenlandes liegt der Naturpark Diemelsee. Der Diemelsee, ein Stausee von 1912/1924, liegt malerisch eingebettet zwischen Wiesen und Wäldern. Auf dem See verkehrt ein kleines Fahrgastschiff, die „St. Muffert". Wer einmal als stolzer Kapitän seine Liebste über den See schippern möchte, leiht sich in Helminghausen ein Ruder- oder Elektroboot oder zerfurcht lautlos mit dem eigenen Segelboot die sanften Wellen. Am Ufer des Diemelsees darf man schwimmen und angeln, auf dem See surfen.

Mit dem Kanu können Sie auf dem Diemelsee ohne Hektik die Landschaft und die Zweisamkeit genießen. Wer's sportlicher mag, paddelt die Naturwildwasserstrecke mit Bootsrutschen, flotter Strömung und einigen Stromschnellen entlang. Idyllische Ufer laden zum Picknicken ein.

Der Diemelsteig (Kennzeichen: ein schwungvolles D auf grünem Grund) ist ein 63 Kilometer langer Wanderweg. Eine etwa zweistündige Wanderung beginnt am Haus des Gastes in Heringhausen. Vom Parkplatz Florenbicke führt der Weg steil hinauf zum Höhepunkt des Diemelsteigs, zur 592 Meter hohen St. Muffert-Klippe. Von hier zurück zum Ausgangspunkt.

Der 110 Kilometer lange Diemelradweg (Kennzeichen: ein Ammonit) verläuft entlang der Diemel ohne Steigungen und kann in Etappen erfahren werden. Er beginnt an der Diemelquelle in Usseln und endet an der Mündung der Diemel in die Weser in Bad Karlshafen.

www.kombinatour.de

www.naturpark-diemelsee.de

www.diemelsee.de

Freizeitparadies Willingen

Willingen (Upland) an der Grenze zu Nordrhein-Westfalen ist ein vielfältiges Freizeit- und Hochzeitsparadies. Neben einem Abenteuer-Golfplatz gibt es eine Eissporthalle, eine Kartbahn, eine Kletterhalle, ein Erlebnisbad (geöffnet tägl. 9 – 23 Uhr), eine Sommerrodelbahn, viele schöne Rundwanderwege, Mountainbike- und Rennrad-Trails sowie Bike-Parcours. Im Winter wandelt sich Willingen zum internationalen Wintersportplatz. Auf Wintersportler warten 20 Skilifte, 100 Kilometer gespurte Langlaufloipen. Oder wie wäre es mit einer nächtlichen Rodelpartie bei Flutlicht? Die Rodelhänge Ritzhagen, Snow & Sun Park und Dorfwiese werden künstlich beschneit.

Ein ganz besonders aufregendes Erlebnis ist der Naturhochseilgarten an der Weltcupschanze. Der Panoramapfad besteht aus Schlingen, Balken, Holztreppen und Netzen – mit einem berauschenden Blick ins Strycktal (nur nach Anmeldung).

Die größte Outdoor-Kletterwand Europas befindet sich am Willinger Hochheideturm auf dem Ettelsberg (geöffnet tägl. 9 – 17 Uhr). Von der verglasten Aussichtsplattform genießen die Besucher einen einmaligen Blick über das Hochsauerland.

Heiraten Sie doch einmal in luftiger Höhe. Ein Standesbeamter der Gemeinde Willingen traut Sie auf der Plattform des Hochheideturms oder im „Adlerhorst" der Mühlenkopfschanze, in dem sich die weltbesten Skispringer kurz vor dem Absprung aufhalten, oder unter Tage in der Willinger Schiefergrube Christine.

www.kombinatour.de

www.willingen.de

www.ettelsberg-seilbahn.de

dieter.pollack@gemeinde-willingen.de

www.heiraten-in-willingen.de

Erlebnisregion Edersee

Wald und Wasser

Die Highlights: Nationalpark Kellerwald-Edersee, Wandern auf verschlungenen Pfaden, Kanu fahren, Wellness und Wassersport, Gold schürfen und Gold schlürfen, Spaziergang über den Baumkronen.

Die Eder entspringt als kleiner, quirliger Bach im Rothaargebirge und fließt recht flink durchs schöne Nordhessen, bildet den Edersee und erreicht nach rund 100 Kilometern die Fulda. Rechts und links der Eder säumen dichte Wälder das Tal. Dass auch ein Aufenthalt ein außergewöhnliches Erlebnis ist, beweisen unsere Tipps: First-Class-Hotel in Waldeck und Bad Arolsen, goldiger Aufenthalt im Goldflair-Hotel, idyllische Ruhe in der Bärenmühle und ein Himmelbett unterm Sternenhimmel.

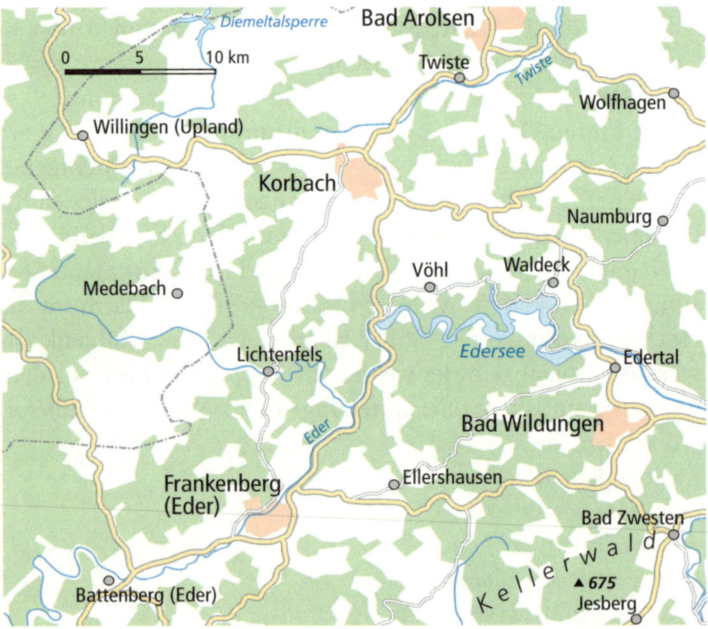

Hoch über dem Edersee liegt das landgräfliche Schloss

Hotel Schloss Waldeck

Einst hatten hier auf der trutzigen Burg bis zum 17. Jahrhundert die Grafen von Waldeck ihren Sitz. Das heutige 2009 komplett umgestaltete Vier-Sterne-Superior-Hotel thront gut 200 Meter über dem 27 Kilometer langen Edersee. Das Hotel, zu dem auch das Museum „Hinter Schloss und Riegel" (geöffnet März – Okt. tägl. 10 – 18 Uhr) gehört, hat spezielle Angebote für Paare, die sich verwöhnen lassen wollen.

Das Hotel bietet Ihnen zum Beispiel zwischen Ostern und Oktober drei Tage am See an. Davon cruisen Sie einen Tag mit einer Elektroyacht auf dem See, genießen das Picknick aus der Hotelküche und baden in einer ruhigen Bucht direkt von der Yacht aus. Oder wählen Sie ein romantisches Wochenende zu zweit mit Rosen und Champagner. Der Wellness-Bereich steht Ihnen ebenso zur Verfügung wie der besinnliche Aufenthalt im Kaminzimmer. Während Ihres Besuchs lassen Sie sich abends mit einem Drei-Gänge-Menü verwöhnen.

Hotel Schloss Waldeck
Schloss Waldeck 1
34513 Waldeck am Edersee

Tel. 0 56 23/6 23 58 90
info@hotel-schloss-waldeck.de
www.schloss-hotel-waldeck.de

Mit dem Kanu auf der Eder

Der fjordähnliche Edersee windet sich zunächst durch das Kerbtal mit seinen steilen Hängen und den dichten Buchenwäldern des Natur- und Nationalparks Kellerwald. Wenn sich der See weitet und auf der glitzernden Wasserfläche weiße Segelboote und schnittige Kanus lautlos dahingleiten, weitet sich auch das Herz eines jeden Wasserwanderers.

Wie wäre es mit einer Drei-Tages-Tour, die bei Affoldern direkt hinter dem Ausgleichbecken beginnt? Insgesamt werden 43 Kilometer auf dem Wasser zurückgelegt. Die flotte Strömung der Eder sorgt für ein herrliches Paddelvergnügen. Licht und Schatten verzaubern die Landschaft. Die alte Kaiserstadt Fritzlar lädt zum Stadtbummel, Hotels und Gasthäuser laden zum Übernachten ein. Die letzen Kilometer führen in einer weiten Schleife um ein Wehr herum, bis eine romantische Mühle die Ausstiegsstelle Grifte ankündigt. Mit dem Kanu können Sie das Reich der Sinne, die Sommerrodelbahn, die Staumauer und den Aquapark erreichen. Der Aquapark in Edertal-Hemfurth ist eine einzigartige Attraktion mit Wasserrutschen, Wassertreppe, Wasservorhang und -rädern, Fontänen, Brunnen und Brücken (geöffnet Ostern bis Oktober).

Eine Tagestour im Kanu führt nach Mehlen zum Goldwaschplatz. Nach zwei, drei Stunden geht's weiter an den urwaldähnlichen Auwäldern vorbei – vielleicht mit einem Goldschatz.

Erlebnistouren Odenhardt	Tel. 0 56 21/7 43 91
Altwildunger Straße 11	info@eder-kanu.de
34549 Edertal	www.eder-kanu.de

Der Edersee: Sport und Erholung

Am und auf dem Wasser sind jeglicher Badespaß und fast alle Wassersportarten möglich: man kann segeln, surfen, Wasserski fahren, angeln, tauchen, Kanu fahren und schwimmen. Alle Badestrände (Waldeck, Vöhl, Edertal, ganzjährig geöffnet) am Edersee sind über die Ederseerandstraße zu erreichen.

Auf dem schönen See sind von März bis Oktober die komfortablen Schiffe „Stern von Waldeck“ und „Edersee Star“ unterwegs. Die Rundfahrten finden zwischen den Anlegestellen Edertal-Sperrmauer, Waldeck, Halbinsel Scheid, Bringhausen, Asel und Herzhausen statt. Heiratswillige können sich auf den Schiffen trauen lassen.

edersee-info@t-online.de

www.edersee.com

personenschiffahrt-edersee@t-online.de

www.personenschiffahrt-edersee.de

Auf zwei Rädern – ohne Anstrengung

Erkunden Sie doch einmal den Edersee während einer zweistündigen SEGWAY-Tour von Hemfurth nach Rehbach und direkt am Wasser entlang vor der traumhaften Kulisse von Schloss Waldeck. Oder bewegen Sie sich während der Edersee-Panorama-Tour auf den Anhöhen der „Ederseeberge“ und erfahren Sie Wissenswertes im Museum „Hinter Schloss und Riegel“. Erleben und genießen Sie auf diesen Touren die einzig-

Am Edersee, im Hintergrund Schloss Waldeck

artigen Ausblicke auf Edersee und Edertal. Gefahren wird auf geteerten und festgefahrenen Waldwegen.

Wandern auf verschlungenen Pfaden

Der Nationalpark Kellerwald-Edersee wurde von der UNESCO zum Weltnaturerbe erklärt. Damit haben die Buchenwälder die gleiche Bedeutung wie der Grand Canyon in den USA oder das Great Barrier Reef in Australien.

Erleben Sie auf verschiedenen, gut ausgeschilderten Routen des Kellerwaldsteigs die urigen Krüppelwälder im Norden und die riesigen Buchenwälder. Sie lieben verschlungene Pfade und gehen gern über Stock und Stein? Dann ist der Urwaldsteig Edersee genau das Richtige für Sie. Staunen Sie über den echten Urwald, die atemberaubenden Ausblicke, erleben Sie wilde Natur auf Schritt und Tritt. Und fürchten Sie sich nicht vor den Kobolden und Gnomen – es handelt sich nur um bizarre Baumgestalten.

www.naturpark-kellerwald-edersee.de
www.urwaldsteig-edersee.de

Der Baumkronenweg

Ein Spaziergang der besonderen Art führt hoch in das oberste Stockwerk des Waldes. In der Nähe des Wildparks am Südufer des Edersees erhebt sich ein fantastischer Weg in bis 30 Meter Höhe über das grüne Dach der Baumkronen. Der Blick von den Aussichtsplattformen schweift über den Kellerwald, den Edersee bis hin zum Schloss Waldeck. Der 750 Meter lange Eichhörnchenpfad, ein Lehrpfad mit Kunstobjekten, führt direkt zum Baumkronenweg. Der Aufstieg ist mühelos und für Kinderwagen, Kleinkinder und Rollstuhlfahrer geeignet (geöffnet Apr. – Okt. tägl. 10 – 19 Uhr).

Über allen Wipfeln ist Spaß

Für Romantiker wird eine Aussichtsterrasse in mildes Kerzenlicht getaucht und die Gäste können hier ein delikates „Treetopdinner" in luftiger Höhe genießen.

Tree Top Walk
Baumkronenweg Edersee
Brühlfeld 3
34549 Edertal-Hemfurth

Tel. 056 23/9 73 79 77
info@baumkronenweg.de
www.braumkronenweg.de

Goldene Zeiten in Korbach

Fühlen Sie sich willkommen in der Hansestadt Korbach, der goldenen Stadt. Hier befindet sich die größte Goldlagerstätte Deutschlands. Im Südwesten der historischen Altstadt erhebt sich der 562 Meter hohe Hausberg, der Eisenberg, an den sich das Dorf Goldhausen schmiegt. Bei einem Stadtbummel können Sie das Museum besichtigen, in dem auch Exponate aus der Goldgräberzeit und Fossilien aus der „Korbacher Spalte" (200 Millionen Jahre alt) ausgestellt sind.

Hier liegen Sie goldrichtig

Da so ein Stadtspaziergang hungrig macht, genießen Sie die regionale Goldküche (geöffnet tägl. bis 22 Uhr, So. bis 15 Uhr) des Goldflair-Hotels. Oder radeln Sie ein Stück auf dem 2013 eröffneten Ederseebahn-Radweg, der gut 26 Kilometer lang ist. Vorschläge für verschiedene Radtouren bekommen Sie im Hotel. Zurück im Goldflair-Hotel erwartet Sie prickelnder Korbacher Goldsekt und abends ein aphrodisisches Goldmenü.

Alle Sinne sind nun aufgeschmeichelt. Verliebte haben die Auswahl zwischen verschiedenen Goldzimmern des Hotels. Sie tragen so schöne Namen wie „Afrika-Gold", „Gold des Orients", „Indien-Gold", „Pharaonen-Gold". Für Prinzen und Prinzessinnen, für Burgfräulein und Räuberhauptmänner gibt es das goldrichtige Wohlfühl-Wochenende mit Aktivitäten wie den Goldberg besteigen, Gold schürfen, Besuch der Heusauna, goldene Speisen wie das Goldgräber- oder das Goldflair-Menü, Massagen, Stadtführungen und Museumsbesuch.

Flair-Hotel Goldflair
am Rathaus
Stechbahn 8
34497 Korbach

Tel. 0 56 31/5 00 90
gast@goldflair.de
www.hotel-goldflair.de

Bad Arolsen – das hessische Versailles

Das Wahrzeichen der Stadt ist das prächtige Residenzschloss (Führungen Apr. Di. – So., Mai – Sept. tägl. 10 – 16 Uhr, Okt. – März Mi, Sa., So. 15 Uhr).

Das Welcome Hotel Bad Arolsen ist ein guter Ort, um von hier Ort und Umgebung zu erkunden. Der Twistesee ist nur drei Kilometer entfernt. In dem hoteleigenen Spa mit seinen vielfältigen Beauty- und Wellness-Anwendungen lässt es sich stilvoll relaxen. Bei den beiden Romantik-Tagen erwartet die Gäste unter anderem Sekt und Erdbeeren, ein Candlelight-Dinner sowie für sie ein Cleopatrabad und für ihn ein Cäsarbad. Speziell an Golfspieler wendet sich das Programm „Golf-Erfolge". Dazu gehören neben dem Golfen ein Candlelight-Dinner und die Benutzung des Spa. Spezielle Angebote gibt es auch für die Barock-Festspiele im Juni. Zur Gastronomie des Hotels gehören das Restaurant „Schlossgasthof" (geöffnet tägl. 12 – 14 Uhr, 18 – 23 Uhr), das Café „Orangerie" (geöffnet tägl. So. 11 – 23 Uhr) und das Abendlokal „Plückers" (geöffnet tägl. 19 – 1 Uhr).

Welcome Hotel
Königin-Emma-Straße 10
34454 Bad Arolsen
Tel. 0 56 91/80 80
info.aro@welcome-hotels.com
www.welcome-hotels.com

Der elegante Pool im Welcome Spa

Im schönen Wiesengrunde – das Landhaus Bärenmühle

Raus aus der Großstadt, rein in einen Ort der Stille – eingebettet zwischen Wäldern und Wiesen liegt am Rand des Nationalparks Kellerwald ganz idyllisch das Landhaus Bärenmühle. Die einzigen Laute, die der Gast zu hören bekommt, sind das Gluckern des Lengelbachs, das melodische Tirilieren der Waldvögel und das Rauschen der Wälder.

Zum Wellness-Programm gehört auch der Besuch des Saunahauses. Ein anschließender Sprung in den nahen Badeteich sorgt für Abkühlung. Im „Wellnest" beim alten Hühnerhaus werden Yoga und Ayurveda-Massagen angeboten. Eine Wohltat ist der Barfuß-Spaziergang durch taufrisches Gras. Im Winter werden frisch gebackene Plätzchen bei Kerzenschein am wärmenden Kachelofen serviert.

Brautpaare erleben hier mit ihren Gästen unvergessliche Stunden. Das Standesamt befindet sich in einer stilvollen historischen Schulscheune, kirchliche Trauungen finden in der Dorfkirche statt. Die Küche zaubert mit nordhessisch-französischem Esprit feinste Köstlichkeiten auf den Tisch. Das süffige Bier ohne Konservierungsstoffe kommt vom Hofbräuhaus aus Bad Arolsen.

Landhaus Bärenmühle
35110 Ellershausen
Tel. 0 64 55/75 90 40
info@baerenmuehle.de
www.baerenmuehle.de

Die idyllische Bärenmühle am Teich

Das Himmelbett unterm Himmelszelt

Himmelbett und Lagerfeuer

Verbringen Sie doch mal eine Nacht in einem Himmelbett unterm Sternenhimmel in einem wilden Wassergarten. Das verspricht ein besonders romantisches Erlebnis. Während Sie die Sterne zählen, knistert in der Nähe das Lagerfeuer. Sollte es draußen ungemütlich werden, lädt das Erdhügelgartenhaus zum Verweilen ein.

Wandeln Sie in unverfälschter Natur mit seltenen Tieren und Pflanzen. Wege sind freigeschnitten, der Rest wächst wild und erinnert ein wenig an einen Urwald. Spazieren Sie zwischen Zwergenduschen und schwebenden Steingärten, vorbei an Geröllgärten, Wasserläufen und Sümpfen. Erleben Sie ein Ambiente im Naturalstil. Genießen Sie ein Schaumbad im Freien bei Kerzenschein oder entspannen Sie in der Sauna. Die Gäste sind völlig ungestört, der Garten ist uneinsehbar.

Himmelbett und Lagerfeuer
Jürgen Neussel
Im Tiefenbach
35088 Battenberg (Eder)

Tel: 0 64 52/87 61
info@naturalstil.de
www.naturalstil.de

Marburg

Stadt der hl. Elisabeth und der Romantiker

Die Highlights: Rosige Zeiten im Rosenpark, Elisabethkirche und Elisabethpfad, Haus der Romantik, Seepark Niederweimar, Übernachten im Schlafwagen.

Die altehrwürdige Universitätsstadt Marburg bezaubert die Besucher durch ihre romantische Lage an der Lahn, durch ihre pittoreske Altstadt mit den verwinkelten Gassen, das Landgrafenschloss und die mächtige Elisabethkirche. Genießen Sie den Aufenthalt in einem Fünf-Sterne-Hotel und spazieren Sie durch das Museum im Landgrafenschloss auf den Spuren der Geschichte. Ein ganz besonders romantisches Erlebnis ist eine Bootsfahrt für zwei bei Kerzenschein auf der Lahn mit der Elisabeth II, einem ehemaligen Ostseekutter aus der Hansestadt Lübeck.

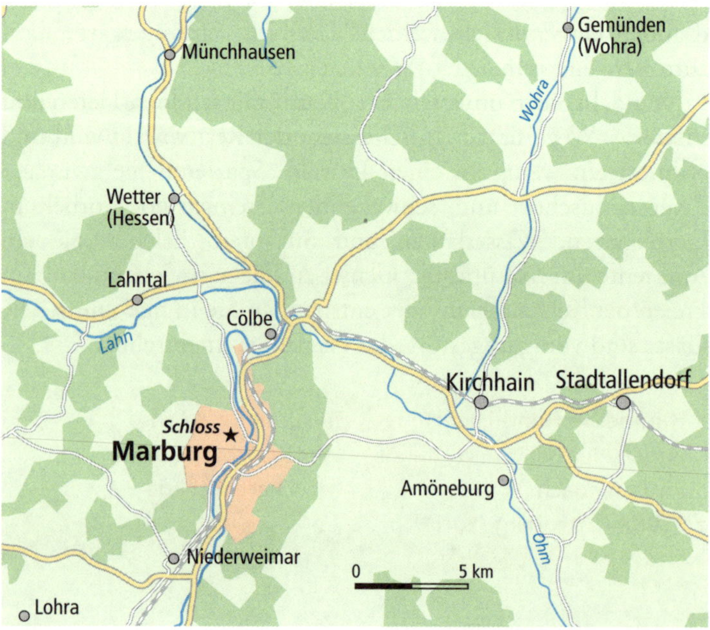

Der Eingang in die Rosigen Zeiten

Rosige Zeiten im VILA VITA Hotel Rosenpark
Überraschen Sie Ihre große Liebe doch einmal mit „Rosigen Zeiten“, einem romantischen Wochenende im Hotel VILA VITA Rosenpark. Es liegt nicht weit entfernt von Schloss und Altstadt. Falls Sie ganz entspannt mit der Bahn anreisen, werden Sie von der hoteleigenen Limousine abgeholt. Zum Arrangement gehören die Benutzung des Fitnessraums und des Wellness-Bereichs, eine Aromaölmassage und ein Drei-Gänge- sowie ein Vier-Gänge-Menü. Für ganz besondere romantische Tage in Marburg lassen Sie das Zimmer zusätzlich mit Rosenblüten dekorieren, der Sekt liegt im Kühler, zum Naschen stehen süße Früchte ebenso bereit wie die Zutaten für ein wohlduftendes Rosenbad. Ein fünfgängiges Candlelight-Dinner mit romantischer Tischdekoration ist das i-Tüpfelchen Ihres Liebesurlaubs.

VILA VITA Hotel Rosenpark
Anneliese-Pohl-Allee 7-17
35037 Marburg
Tel. 0 64 21/6 00 50
info@rosenpark.com
www.rosenpark.com

Himmelwärts ragen die Türme der Elisabethkirche, die Vorbild für den Kölner Dom war

Die Elisabethkirche

Elisabeth war eine ungarische Königstochter, Gemahlin des thüringischen Landgrafen. Sie war sehr fromm, lebte asketisch und half Armen und Kranken. Später, als ihr Gemahl Ludwig im fünften Kreuzzug starb, wurde die Einundzwanzigjährige mit ihren drei Kindern von der Wartburg vertrieben und lebte fortan in bitterer Armut. Im Jahr 1231, an ihrem 24. Geburtstag, starb Elisabeth an Entkräftung in dem von ihr gegründeten Hospital. Bereits 1235 wurde sie von Papst Gregor heiliggesprochen und über ihrem Grab wurde eine Kirche errichtet.

Die Elisabethkirche am Fuß des Schlossberges ist die erste gotische Hallenkirche im deutschen Kulturgebiet. Die Bauherren des Kölner Doms nahmen sich die Elisabethkirche zum Vorbild.

Die Kirche ist reich ausgestattet. Zu den Sehenswürdigkeiten gehören das Kruzifix von Ernst Barlach (1931), der goldene Elisabethschrein, der steinerne Hochaltar, das Grab der hl. Elisabeth. Das Elisabethfenster zeigt das Leben Elisabeths. Das Licht der untergehenden Sonne offenbart die künstlerische Raffinesse des Glasfensters aus dem 20. Jahrhundert über der Orgel, wenn ein gewaltiger Lichtstrahl durchs Fenster fällt.

Elisabethkirche
Elisabethstraße
35037 Marburg
Tel. 0 64 21/6 55 73
info@elisabethkirche.de
www.elisabethkirche.de

Der Elisabethpfad
Die Tradition des Pilgerns nach Marburg hat die Evangelische Kirche in Hessen und Nassau aufgegriffen und in ökumenischem Geist den Elisabethpfad als Pilgerweg für Gläubige jeglicher Konfession von Frankfurt am Main nach Marburg eingerichtet und spirituell ausgestaltet. Als etwa 150 Kilometer langer Wanderweg soll er zu Besinnlichkeit und Meditation einladen. Der Pfad beginnt an der Deutschordenskirche und dem Deutschordenshaus in Frankfurt-Sachsenhausen. Die Pilger folgen den Spuren der hl. Elisabeth bis Marburg.

Elisabethpfad e.V.
Schützenstraße 39
35039 Marburg
Tel. 0 64 21/6 56 83
verein@elisabethpfad.de
www.elisabethpfad.de

Hoch über Marburg erhebt sich das Landgrafenschloss

Landgrafenschloss mit Museum

Schon von weitem ist das mächtige Schloss über der Altstadt von Marburg zu sehen. Vom Marktplatz in der Oberstadt geht es hinauf über Gassen und Treppen zum Schloss.

Um 900 wurde hier eine einfache Burg errichtet. Ab 1140 ließen die neuen Besitzer sie zu einer mächtigen Turmburg umbauen. Weitere Erweiterungs- und Umbauten kamen um 1200, im 13. und 14. Jahrhundert hinzu. 1946 gelangte die Philipps-Universität in den Besitz des Schlosses, heute ein Museum, das besichtigt werden kann (geöffnet Nov. – März Di. – So. 10 – 16 Uhr, Apr. – Okt. Di. – So. 10 – 18 Uhr). Zu bestaunen sind kirchliche Kunst, archäologische Funde, bürgerliches Wohnen und hessische Volkskunde.

Landgrafenschloss und Museum für Kulturgeschichte
Schloss 1
35037 Marburg

Tel. 0 64 21/2 82 23 66
museum@verwaltung.uni-marburg.de
www.uni-marburg.de

Haus der Romantik

Es waren berühmte Romantiker wie Bettine und Clemens Brentano, Friedrich Carl von Savigny, Jacob und Wilhelm Grimm, deren Bruder Ludwig Emil Grimm und Karoline von Günderrode, die in den Jahren 1800 bis 1806 mit ihrem Freundeskreis in Marburg wirkten. Das Museum Haus der Romantik erinnert mit seinen Ausstellungen an die Epoche der Frühromantik (geöffnet Di. – So. 11 – 13 Uhr, 14 – 17 Uhr). Im Roten Salon ist die Geselligkeitskultur um 1800 nachgestellt. Die jungen Romantiker ersehnten Formen menschlichen Umgangs, welche die häusliche und die Berufssphäre zusammenführten, mit dem Ziel, dass die vom Berufsleben ausgeschlossenen Frauen mit den Männern in gleichberechtigter Weise Geselligkeit im umfassenden Sinn lebten.

Marburger Haus der Romantik
Markt 16
35037 Marburg
Tel. 0 64 21/91 71 60
info@romantikmuseum-marburg.de
www.romantikmuseum-marburg.de

Der Eingang zur Welt der Romantik

Gute Nacht im Schlafwagen

Eisenbahnfans und Partner aufgepasst: Im Alten Bahnhof in Gemünden wird einmalige Eisenbahnromantik gelebt (geöffnet Mo., Mi. – Fr. ab 17 Uhr, Sa. ab 12 Uhr, So. ab 10 Uhr). Hier sind sie alle herzlich willkommen: die Wanderer und Radler, die Biker und die Reiter. Wann haben Sie zuletzt in einem Schlafwagen übernachtet? Das ist Ihnen zu laut und unruhig? Dann wählen Sie doch ein Zwei-Personen-Abteil auf dem alten Gleisbett. Die Schlafwagensaison dauert von März/April bis Oktober.

Der rote Mitropa-Schlafwagen ist 26 Meter lang und mit zehn Abteilen eine der Attraktionen des Alten Bahnhofs. Es stehen aber auch Gästezimmer zur Verfügung. Aus dem ehemaligen Bahnsteig wurde ein mit hohen Bäumen begrünter Biergarten. Ein Triebwagen der Deutschen Bahn wird als Frühstücks- und Speisewagen genutzt.

Restaurant und Hotel Alter Bahnhof
Alter Bahnhof 1
35285 Gemünden
Tel. 0 64 53/5 95
info@alter-bahnhof-gemuenden.de
www.alter-bahnhof-gemuenden.de

Eisenbahnfreunde erleben romantische Nächte im Schlafwagen

Mit der Elisabeth II auf der Lahn

Das besondere Erlebnis: eine Fahrt mit der Elisabeth II

Entdecken Sie den Blick auf Marburg direkt von der Elisabeth II aus (öffentliche Rundfahrten April – Okt. Sa., So., Feiertage 14, 15, 16, und 17 Uhr). Der frühere Ostseekutter aus Lübeck wurde lahntauglich gemacht, und so können heute bis zu zehn Passagiere zwischen Weidenhäuser und Afföller Wehr ganz besonders schöne Momente auf der Lahn erleben. Wie wäre es mit einer Rundfahrt mit kostümierten Musikern und Klängen wie zu Landgraf Philipps Zeiten, oder lassen Sie sich bei der Rundfahrt „Spilweib“ von alten Sagen berichten und lauschen dabei der Tastenfibel. Während einer anderen Rundfahrt machen Schauspieler an Bord Theater und gehen gern auf den Anlass der Fahrt ein (verliebt, verlobt, verheiratet …). Erzählkünstler unterhalten die Gäste auch gern mit Tiefgründigem, Packendem oder frei Erfundenem. Für gruselige Momente überrascht die Marburger Krimiautorin während einer Rundfahrt mit „Lahnleichen“. Nur für Verliebte gibt es eine romantische Fahrt bei Kerzenschein für zwei mit Sekt oder Selters und mehr. Ein- und Ausstieg: Bootsverleih/Ufercafé, Auf dem Wehr 1a.

Elisabeth II
Marburg Tourismus und
Marketing GmbH
Pilgrimstein 26
35037 Marburg

Tel. 0 64 21/99 12 13
rahmenprogramme@marburg.de
www.marburg.de

Wetzlar und Gießen

sind liebliche Städte

Die Highlights: Schloss-Hotel in Braunfels, Europas tiefstes Besucherbergwerk, Radtour auf der Hessischen Apfelwein- und Obstwiesenroute.

Wetzlar ist eine Universitätsstadt und lockt die Besucher mit ihrer historischen Altstadt, dem Dom und der Reichsburg Kalsmunt. Verschenken Sie einen Stern, wir verraten, wie's geht. Auch Gießen ist Universitätsstadt, ein Wirtschaftsstandort, eine beliebte Einkaufsstadt und wie Wetzlar eine Stadt des Sports. Beide Städte verfügen über ein breites Angebot an Sport- und Freizeitvergnügen. Besuchen Sie in Gießen den Botanischen Garten und das Mathematikum und auf Burg Greifenstein das einmalige Glockenmuseum.

Das Schloss-Hotel in Braunfels

Das Schloss-Hotel befindet sich in märchenhafter Lage am Eingang des Kurparks, nicht weit entfernt vom fürstlichen Schloss. Das Hotel ist ein guter Ausgangspunkt für Wanderer, Radfah-

Ausgangsort für viele Unternehmungen: das Schloss-Hotel

rer, Golfer, Kanu- und Schlauchbootfahrer. Das Schloss-Hotel ist bei der Planung behilflich.

Für Anfänger und Fortgeschrittene ist das Arrangement „Golf in Braunfels“ gedacht. Dazu gehören zweimal Green-Fee; Schnupperkurse und Trainerstunden können dazugebucht werden. Wer sich lieber auf der Lahn aufhält, wählt das Arrangement „Entdecken Sie die Lahn“. Wählen Sie zwischen verschieden langen Strecken flussabwärts auf der Lahn. Dazu gehören zwei Übernachtungen, Lunchpaket und Abendessen.

Oder radeln Sie am Ufer der romantischen Lahn entlang. Schlösser und Burgen, Kirchen und Klöster zeugen von der langen Kulturgeschichte. Radeln Sie die Lahn abwärts und fahren Sie mit der Bahn zurück. Mieträder können vermittelt werden.

Hochzeitspaare, frisch Verliebte oder Romantiker werden sich in den Turmzimmern wohlfühlen.

Schloss-Hotel Braunfels
Hubertusstraße 2
35619 Braunfels an der Lahn
Tel. 0 64 42/30 50
info@schloss-hotel-braunfels.de
www.schloss-hotel-braunfels.de

Goethe und Lotte in Wetzlar

Als junger Jurist absolvierte Goethe, 22-jährig, in Wetzlar ein Praktikum. Bei einem Ball in Volpertshausen lernte Goethe am 9. Juni 1772 „ein Mädchen von schöner Gestalt“ kennen, „ein wünschenswertes Frauenzimmer“. Es war Charlotte Buff. Sie umsorgte ihre mutterlosen Geschwister und war mit Christian Kestner verlobt, den sie später heiratete.

Mit Lotte vergnügte sich Goethe, spazierte mit ihr am Ufer der Lahn entlang. Der Dichter schwärmte von Lotte: „Nein, ich betrüge mich nicht! Ich lese in ihren schwarzen Augen wahre Teilnehmung an mir und meinem Schicksal! Ja, ich fühle, und darin darf ich meinem Herzen trauen, dass sie – o darf ich, kann ich den Himmel in diesen Worten aussprechen? – dass sie mich liebt.“ Aber wie so oft in seinem Leben hat sich der Dichter einer übermäßigen Liebe durch Flucht entzogen.

Aus Dichtung und Wahrheit komponierte Goethe sein Hohelied der Liebe, den Briefroman „Die Leiden des jungen Werthers“. Das Buch erschien 1774, zwei Jahre später, nachdem er Wetzlar und Lotte verlassen hatte, und wurde ein Bestseller.

Auf den Spuren von Goethe und Lotte

Mit diesem Buch in der Hand gehen Verliebte auf eine literarische Reise durch Wetzlar und Umgebung. Ihnen ist zu wünschen, dass ihre Liebe nicht tragisch ende, sondern dauere bis zum Happy End.

Am Kornmarkt 5 steht das 1767 erbaute barocke Gasthaus „Zum römischen Kaiser“, zu Goethes Zeiten ein Neubau. Daneben, Kornmarkt 7, besaß Goethe eine kleine Wohnung.

Im Fachwerkhaus, Schillerplatz 5, wohnte Karl Wilhelm Jerusalem, der sich 1772 aus Liebeskummer erschoss. Sein Schicksal und Goethes Erleben verdichten sich in „Die Leiden des jungen Werthers“. Die Wohnräume des Unglücklichen dienen als literarische Gedenkstätte, die Goethe-Werther-Bücherei ist hier zu besichtigen (geöffnet Di. – So. 14 – 17 Uhr).

Das barocke Eckhaus, Domplatz 17, war zu Goethes Zeiten das Gasthaus „Zum Kronprinzen“. Wenn er nicht bei Lotte weilte, nahm er hier im Kreis junger Juristenkollegen den Mittagstisch.

In der Lottestraße befindet sich der Deutschordenshof. Hier tat Heinrich Adam Buff seine Dienste als Amtmann des Deutschen Ordens. Seine Tochter Charlotte wurde hier 1753 geboren. In der Lottestraße 8 – 10 befindet sich heute ein Museum (Lottehaus, geöffnet Di. – So. 10 – 13 Uhr, 14 – 17 Uhr).

Hier im Haus lebte der unglückliche Karl Wilhelm Jerusalem

Auf den Spuren der Bergleute: Grube Fortuna

Mitten im Wald, nördlich von Solms-Oberbiel bei Wetzlar, liegt Europas tiefstes Besucherbergwerk (geöffnet Mitte März – Nov. Di. – Do. 9.30 – 15.30 Uhr, Sa., So., Feiert. 10 – 16 Uhr). Mit dem Förderkorb geht es 150 Meter in die Tiefe und dann weiter mit der Grubenbahn. Bohrhämmer fräsen sich ins Gestein. Das Besucherbergwerk ist Teil des Geoparks Westerwald-Lahn-Taunus. Besuchen Sie auch das Feld- und Grubenbahnmuseum und wandern Sie Hand in Hand auf dem Bergmannspfad rund um die Grube Fortuna.

Besucherbergwerk	Tel. 0 64 43/8 24 60
Grube Fortuna	grube-fortuna@t-online.de
35606 Solms	www.grube-fortuna.de

Astronomie live –
Die Sternwarte in Burgsolms

Sterne gucken, träumen und sich etwas wünschen – das ist für zwei Verliebte schon ein besonderes Erlebnis. Machen Sie eine faszinierende Reise durch den Weltraum, lassen Sie sich verführen vom Glanz der Sterne und vom Schein ferner Galaxien.

Mehrmals im Jahr gibt es Sonderveranstaltungen, jeden ersten Freitag im Monat (außer in den Sommerferien) finden öffentliche Beobachtungsabende und in loser Reihenfolge ein astronomischer Erfahrungsaustausch statt. Es werden auch individuelle Führungen nach vorheriger Terminvereinbarung durchgeführt.

Sternwarte Burgsolms	Tel. 0 64 42/10 39 (Mo. 20 – 21 Uhr)
Astronomischer Arbeitskreis Wetzlar e. V.	info@sternwarte-burgsolms.de
Lindenstraße 11	www.sternwarte-burgsolms.de
35606 Solms	

Ich schenk dir einen Stern

Was gibt es Schöneres, als verliebt bis über beide Ohren zu zweit in den nachtblauen Himmel zu schauen und seinen eigenen Stern zu sehen? Verschenken Sie einen Stern, das kostet zwischen etwa 30 Euro und 80 Euro. Der auserwählte Stern wird auf den Namen des Beschenkten getauft. Dazu gibt es eine Urkunde mit seinem Namen und einen Eintrag des Sterns in die Celestial Star Registry. Der Beschenkte erhält mit dem Stern ein Geschenkpa-

ket mit Urkunde, einer CD und einem Foto des Sterns. Alle getauften Sterne sind am Himmel mit bloßem Auge sichtbar.
www.sternkaufen24.de

Gießen im Grünen

Der Botanische Garten in Gießen
Der älteste deutsche Botanische Garten, dessen historische Teile noch immer Bestandteil der aktuellen Anlage sind, geht zurück auf den Amtsgarten am Schlossturm des Landgrafen Ludwig von Hessen-Darmstadt. Im 1609 angelegten *hortus medicus* gediehen hier Heil- und Giftpflanzen. Heute können die Besucher rund 7.500 Pflanzenarten betrachten, die der Forschung und der Lehre von Studierenden der Universität Gießen dienen (geöffnet 20. März – 20. Okt. täglich ab 8 Uhr). Ein blindengerecht gestalteter Duft- und Tastgarten bereichert das Angebot für die Besucher.

Der Garten, ein Ort für Wissenschaftler und Verliebte

Botanischer Garten der Justus-Liebig-Universität Gießen
Senckenbergstraße 6
35390 Gießen

Tel. 06 41/9 93 52 40
botanischer-garten@bot1.bio.uni-giessen.de
www.uni-giessen.de

Das Mathematikum

Das weltweit erste mathematische Mitmach-Museum gibt es seit über zehn Jahren in Gießen (geöffnet Mo – Fr. 9 – 18 Uhr, Mi. bis 20 Uhr, Sa., So. 10 – 18 Uhr). Hier sind spannende, kniffelige und verblüffende Exponate zu erleben. Den Besuchern offenbaren sich mathematische Phänomene. Mathe wird zum Spaß ohne Grenzen.

Mathematikum
Liebigstraße 8
35390 Gießen

Tel. 06 41/9697970
www.mathematikum.de

Hessische Apfelwein- und Obstwiesenroute

Der Apfel ist eine paradiesische Frucht und der aus ihm gewonnene hessische Apfelwein ein Hochgenuss. Ein Hochgenuss ist auch ein Spaziergang, eine Wanderung oder eine Radtour durch die idyllischen Landschaften der Hessischen Apfelwein- und Obstwiesenroute im Landkreis Gießen. Das Logo dieser Route ist der rote Apfel. Eine Übersichtskarte über die Routen im Landkreis Gießen ist erhältlich im Onlineshop. Die Karte enthält darüber hinaus Angaben zu Direktvermarktern und Gaststätten entlang der Route.

Paradiesische Früchte

Hessische Apfelwein- und Obstwiesenroute
Regionalschleife Gießen e.V.
Talstraße 3
35447 Reiskirchen
Tel. 0 64 08/6 32 39
www.obstwiesenroute-giessen.de

Glockenmuseum und Barockkirche auf Burg Greifenstein

Die Türme der Burg

Als Wegzeichen ragt die doppeltürmige Burg Greifenstein weit ins Land. Hoch über der Burg schwebt der Greif als Wetterfahne im Wind des Westerwalds. Die Burg wurde um 1200 errichtet, mehrmals umgebaut, bis sie verfiel, und dient seit dem 20. Jahrhundert als einmaliges Museum (geöffnet März – Mai, Sept., Okt. Di. – So. 10 – 18 Uhr, Juni – Aug. täglich 10 – 18 Uhr, Nov., Dez. Sa., So. 12 – 16 Uhr). Unter der Barockkirche, die noch in Betrieb ist, befinden sich die gotische Katharinenkirche und die Kasematten. Verliebte und Verlobte können sich in der Barockkirche auf Burg Greifenstein trauen lassen (Standesamt, Tel. 0 27 79/91 24 31). In einem ehemaligen Geschützturm ist das Deutsche Glockenmuseum untergebracht. Glocken seit dem 11. Jahrhundert sind hier zu bestaunen, und sie können für ein vielstimmiges Konzert mit Klöppeln angeschlagen werden.

Burg Greifenstein
Deutsches Glockenmuseum
35753 Greifenstein
www.burg-greifenstein.net

Limburg und Weilburg

an der lieblichen Lahn

Die Highlights: Limburger Dom, grillen und chillen mit dem BBQ-Donut auf der Lahn, Lahnwanderweg, Weilburger Schloss und Weilburger Schiffstunnel.

Ihr romantisches Hotel steht in der Fürstenstadt Hadamar, nördlich von Limburg. Nach dem Besuch von Hessens schönstem Sakralbau, dem Limburger Dom, bummeln Sie durch die Altstadt mit ihren verwinkelten Gässchen und den zahlreichen Bistros, Cafés, Restaurants und den zahlreichen Geschäften mit einem vielfältigen Angebot an schönen Dingen. Auf den Spuren einer Prinzessin lustwandeln Sie durch Weilburgs Schloss und Park oder radeln entlang der lieblichen Lahn. Und das gibt's nur einmal in Deutschland: die Kubacher Kristallhöhle.

Das Hotel ist ein Ensemble zweier historischer Bauwerke

Ringhotel Nassau-Oranien in der Glasstadt Hadamar

Das Hotel im modernen Landhaustil ist Ausgangspunkt für viele schöne Ausflüge, auch nach Limburg und Weilburg. Kulinarische Genüsse finden Sie in den denkmalgeschützten Restaurants (geöffnet 12 – 14 Uhr, 18 – 22 Uhr) und auf der neuen Dachterrasse. Für einen abwechslungsreichen und erholsamen Kurzurlaub sorgen außerdem die Tiffanybar, die neu erbaute Lounge- und Hirschbar, der Spa-Bereich mit Schwimmbad, Dampfbad, Whirlpool und Sauna sowie der Wellness-Bereich „Sensis".

Das Arrangement „Kuschelzeiten" ist speziell für Verliebte gedacht und bietet neben einem romantischen Aufenthalt mit Candlelight-Dinner Behandlungen im Partnerraum an. Andere Arrangements des Hotels klingen so vielversprechend wie "Kuscheln & Tuscheln", „Cleopatratage", „Einfach mal ausspannen" und „Für Feinschmecker". Ein Stadtbummel durch Hadamar findet einen romantischen Höhepunkt im Besuch des Rosengartens auf dem Herzberg.

Nach dem Zweiten Weltkrieg siedelten sich viele böhmische Glaskünstler in Hadamar an. Nun gibt es dort bald ein Glasmuseum, und Glaswochen werden veranstaltet.

stadtverwaltung@hadamar.de, www.hadamar.de

Hotel Nassau-Oranien
Am Elbbachufer 12
65589 Hadamar

Tel 0 64 33/91 90
info@nassau-oranien.de
www.nassau-oranien.de

Limburg an der Lahn

Der Limburger Dom St. Georg

Namensgeber ist der heilige Georg (Gedenktag 23. April). Der Legende nach lebte ein Drachen in einem libyschen See, dem schon alle Jungfrauen geopfert worden waren. Zu seiner Besänftigung sollte nun auch die Königstochter geopfert werden. Georg hörte davon und versprach dem ängstlichen Volk, den Drachen zu töten, wenn es sich zum Christentum bekennen wollte. So geschah es.

Der siebentürmige Dom ist ein Abbild des himmlischen Jerusalem

Die Architektur des Doms aus dem 10. Jahrhundert vereinigt die massive Bauweise der rheinischen Romanik mit dem hohen, hellen Innenraum der Gotik. Der prächtige Dom mit seiner geschmückten Fassade symbolisiert mit seinen Türmen das siebentürmige himmlische Jerusalem (Führungen Di. – Fr. 11 und 15 Uhr, Sa.11 Uhr, So. 11.45 Uhr).

Der Dom ist reich an sakralen Symbolen: Die Anzahl der Türme entspricht der Zahl der Sakramente. Die Zahl Sieben besteht aus Drei und Vier – drei göttliche und vier weltliche Tugenden. Und drei mal vier ergeben zwölf – wie zwölf Apostel und zwölf israelische Stämme.

Im Innern der Kirche beeindrucken seine großartigen Malereien, die den damaligen nichtlesenden Menschen die Botschaften der Heiligen Schrift erklärten. Auch die Glasfenster aus dem 20. Jahrhundert des Chors nehmen Bezug auf die Passions- und Heilsgeschichte. Sehenswert ist auch die Grabplatte im Nordquerhaus von Konrad Kurzbold, der 948 starb und wie ein Heiliger verehrt wurde.

Dom St. Georg
Domstraße
65549 Limburg

Tel. 0 64 31/9 50
info@bistumlimburg.de
www.dom-limburg.de

Lahnwanderweg, wandern und radeln
Der Lahntalwanderweg ist reich an überwältigenden Aussichten, reich an Erlebnissen und unberührter Natur. Der gesamte Weg ist 290 Kilometer lang und führt von der Lahnquelle über Marburg, Wetzlar, Weilburg, Limburg, Bad Ems nach Lahnstein am Rhein.
www.lahnwanderweg.com

Wir schlagen eine gut sieben Kilometer lange Wanderung mit festem Schuhwerk von Diez-Hauptbahnhof nach Balduinstein vor. Zuvor sollten Sie dem Diezer Schloss Oranienstein mit dem Museum Nassau-Oranienburg einen Besuch abstatten (Führungen Apr. – Okt. Di. – Fr. 9, 10.30, 14, 15.30 Uhr, Sa. und So. nach Anmeldung bis Fr. 16 Uhr).
www.museumdiez.de

Blick vom Lahnwanderweg aufs Lahntal

Entlang des romantischen Wegs kommen Sie vorbei an einem Holzpavillon, um hier vielleicht ein Picknick einzulegen. Von diesem Ort genießen Sie einen Blick auf Fachingen und den barocken Mineralbrunnen. Später passieren Sie eine Grillhütte, die Aussichtspunkte Franzosenlay und Katzenkopp mit Panoramablick auf die Lahnschleife von Balduinstein. Weiter führt der Weg, und Sie erreichen die Bahnhofstraße in Balduinstein. Mit der Bahn geht es zurück.

Auch der Lahntalradweg (Start an der Alten Lahnbrücke) ist hervorragend ausgebaut. Es ist ein Vier-Sterne-Weg, nicht allzu anstrengend; er führt fast immer entlang der malerischen Lahn.
info@lahn-taunus.de, www.lahn-taunus.de

BBQ-Donuts – grillen und chillen auf der Lahn
Was sind das bloß für große leuchtend rote Dinger auf der Lahn? Das sind runde Grillboote, BBQ-Donuts genannt, sehr gut geeignet für einen ausgefallenen romantischen Ausflug auf der Lahn (Saison Ende März – Sept., Reservierung ist erforderlich). Und das erwartet Sie: In der Mitte des BBQ-Donuts brutzeln auf dem raucharmen Grill Steaks und Würstchen, während Sie bequem sitzen, einen kühlen Drink in der Hand, und langsam auf dem Fluss dahingleiten. Der Elektroaußenbordmotor kann von jedermann betrieben werden. Maximal zehn abenteuerlustige Menschen haben auf einem BBQ-Donut Platz und können während der Fahrt chillen, grillen, essen,

Das besondere Vergnügen auf der Lahn

trinken und Spaß haben. Eigenes Grillgut kann mitgebracht werden, aber keine Getränke. Verliebte genießen im BBQ-Donut die Einsamkeit und den Sonnenuntergang.

WasserFest
fließend.feste.feiern
Eschöferweg
Schiffsanleger/Bootsverleih
65549 Limburg
Tel. 06 11/63 30 10 33
info@wasserfest.de
www.wasserfest.de

Schloss Weilburg thront über der Lahn

Weilburg an der Lahn

Das Schloss Weilburg

Eines der bedeutendsten Barockschlösser, das Schloss Weilburg, erstreckt sich über 400 Meter lang auf einem Bergsporn über der Lahn. Im 18. Jahrhundert erhielt das Residenzschloss eine barocke Neugestaltung und Erweiterung.

Die Anlage des Schlosses, das sich um den Hof gruppiert, an den sich der Marktplatz anschließt, ist eine großartige Sehenswürdigkeit. Es empfiehlt sich eine Schlossführung – eine andere

Möglichkeit, die Räume zu besichtigen, gibt es nicht (Führungen März – Okt. Di. – So. 10 – 17 Uhr, Nov. –Febr. Di. – So. 10 – 16 Uhr). Der Schlossgarten ist immer bis zum Einbruch der Dunkelheit geöffnet. Das ganze Schloss ist ein Museum.

Der Wirtschaftshof ist heute das Schlosshotel mit dem Restaurant „Alte Reitschule“ (Langgasse 25, geöffnet Mo – Fr. 18 – 22 Uhr, Sa., So., Feiert. 12 – 15 Uhr, 18 – 22 Uhr). Im Juni und Juli finden die berühmten Weilburger Schlosskonzerte statt.

Schloss Weilburg
Schlossplatz 3
35781 Weilburg
Tel. 0 64 71/9 12 70
tourist-info@weilburg.de

www.weilburg.de
www.schloesser-hessen.de
www.weilburger-schlosskonzerte.de

Henriettes Abschied von Weilburg

Erzherzog Carl Ludwig Johann Joseph Laurentius von Österreich, Herzog von Teschen, war ein erfolgreicher Feldherr. Als Generalissimus besiegte er Napoleon in den Schlachten bei Aspern und Wetzlar. Nach dem Sieg der Koalition gegen Frankreich wurde der Erzherzog Gouverneur der Festung Mainz. Hier lernte er die 17-jährige Henriette Alexandrine Friederike Wilhelmine Prinzessin von Nassau-Weilburg kennen und lieben. Die Hochzeit sollte am 17. September 1815 in Weilburg stattfinden.

Der Nordflügel des Weilburger Schlosses

Am Vorabend des großen Ereignisses, dem Henriette mit freudigem Bangen entgegensah, verließt sie heimlich das Schloss. Sie wollte noch einmal all die herrlichen Sehenswürdigkeiten Weilburgs sehen, Abschied nehmen von Schloss und Stadt, weil sie ihr geliebtes Weilburg nach der Hochzeit verlassen musste, um ihrem Mann nach Wien zu folgen. Begleitet wurde die Prinzessin von ihrer ehemaligen Kinderfrau.

Zur Erinnerung an Henriettes nächtlichen Ausflug werden heute Kostümführungen, die Henriettenführungen (Termine auf Anfrage: Tel. 0 64 71/3 14 67, tourist-info@weilburg.de), veranstaltet.

Die Kubacher Kristallhöhle

Ein paar Kilometer südöstlich von Weilburg liegt bei Kubach die einst in Vergessenheit geratene Kristallhöhle, die heute einen spannenden Ausflug in die Erdgeschichte bietet (geöffnet Apr. – Okt. Mo. – Fr. 14 – 16 Uhr, Sa., So., Feiertage 10 – 17 Uhr). Steile Treppen führen hinab und die Besucher erfahren, dass die mit Kristallen und Perltropfsteinen geschmückte Höhle aus der Eiszeit stammt. Die höchste Stelle der Höhle ist unter der Erde 30 Meter hoch. Damit ist sie die höchste Halle aller deutschen Schauhöhlen. Restaurant, Bistro, Café, Biergarten über Tage sorgen fürs leibliche Wohl.

Kubacher Kristallhöhle
Freienfelser Straße
35781 Weilburg-Kubach

Tel.: 0 64 71/9 40 00
www.kubacherkristallhoehle.de

Mit dem Kanu in den Weilburger Schiffskanal

Die Lahn gehört zu den romantischsten Flüssen für Wasserwanderer. Der Weg von Weilburg bis Limburg führt vorbei an unberührter Natur, Kanuten finden entlang des Flusses zahlreiche Rastplätze – willkommene Gelegenheit für ein romantisches Picknick. Eine Liste der Rastplätze und Ein- und Ausstiegsstellen gibt es beim Lahntal Tourismus Verband. Ein besonderes Erlebnis ist die Einfahrt in den einzigartigen, 195 Meter langen Weilburger Schiffstunnel.

info@daslahntal.de, www.daslahntal.de

Wer kein eigenes Kanu besitzt, leiht sich eines bei der Tourist-Information Weilburg, Tel. 0 64 71/3 14 67, oder unter: tourist-info@weilburg.de, www.weilburg.de, www.weilburger-boote.de

Bad Homburg v. d. Höhe und der Taunus

Geschichte und Gesundheit

Die Highlights: Naturpark Hotel Weilquelle, Landgrafenschloss und Schlosspark, Wellness im Kur Royal Spa, Horex Museum, Freilichtmuseum Hessenpark.

Bad Homburg ist eine internationale Kurstadt. Daran erinnern die russische Kirche, zwei „Thai Sala“ und die englische Kirche. Die Engländer brachten Tennis und Golf nach Bad Homburg. Über dem Kurbad, in dem ein weltberühmter Hut, der Homburg, erfunden wurde, thront eine mächtige Festung der Römer, die Saalburg. Apfelwein-Feinschmecker besuchen in Weilrod das erste deutsche ApfelWeinBistrorant in der Nähe des Weiltalrad- und Wanderwegs. Und Verliebte, Verlobte und Verheiratete schweben mit Helikopter oder Ballon in den 7. Himmel.

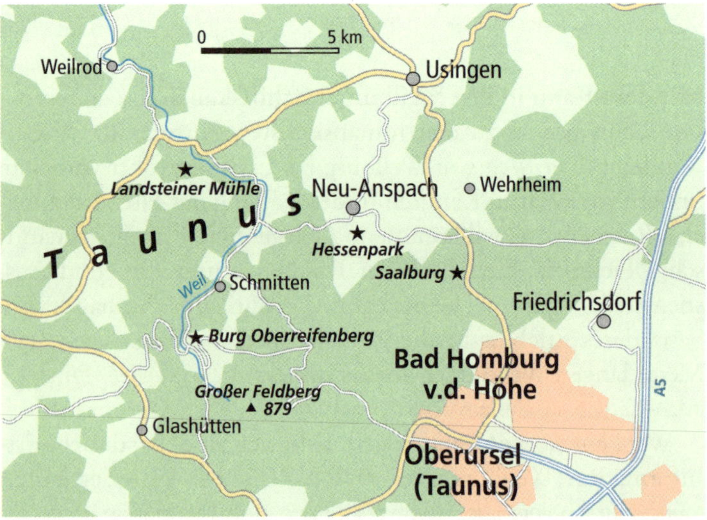

Hölderlin und Diotima

„Sie ist so schön wie ein Engel. Ein zartes geistiges himmlisch reizendes Gesicht! Ach! ich könnte ein Jahrtausend lang in seliger Betrachtung mich und alles vergessen, bei ihr, so unerschöpflich reich ist diese anspruchslose Seele …“ So schwärmte Johann Christian Friedrich Hölderlin von Diotima.

Im Dezember 1795 trat Hölderlin, 25 Jahre alt, in Frankfurt bei Herrn Gontard und seiner Gattin Susette im Großen Hirschgraben seine Stelle als Hauslehrer an. Susette war 27 Jahre alt, Mutter von vier Kindern und seit zehn Jahren mit Gontard verheiratet. Susette und Hölderlin entflammten in Liebe; er nannte sie in seinen Gedichten Diotima.

Die Haushälterin, die selbst gerne Hölderlin an ihrer Seite gehabt hätte, verriet das Paar. Gontard tobte, Susette brach zusammen. Im September 1798 verließ Hölderlin Frankfurt und ging nach Homburg. 1799 erschien der zweite Band von Hölderlins „Hyperion“. Heimliche Treffen zwischen Hölderlin und Diotima fanden statt. 1802 starb Diotima an Röteln. Auch der Dichter wurde krank. 1806 musste ihn sein Freund Isaac von Sinclair in eine Klinik einliefern. In einem Turm von Tübingen dämmerte er bis zu seinem Tod 1843 dahin.

Hölderlin blieb lange Zeit ein Skandal. Karoline von Günderrode schrieb: „Ich darf ihn hier in Frankfurt gar nicht nennen, da schreit man die fürchterlichsten Dinge über ihn, bloß weil er eine Frau geliebt hat, um den Hyperion zu schreiben.“

Der 22 Kilometer lange Hölderlin-Pfad auf des Dichters Spuren, ein Regionalpark-Wanderweg, verbindet Frankfurt mit Bad Homburg v. d. Höhe.

Das Naturpark Hotel Weilquelle in Schmitten

Idyllisch liegt das Naturpark Hotel Weilquelle im Ortsteil Oberreifenberg im Taunus. Von hier sind der Große und der Kleine Feldberg, Bad Homburg v. d. Höhe und die Mainmetropole Frankfurt gut zu erreichen. Es werden verschiedene Arrangements wie „Verwöhnwochenende“, „Kuscheln im Taunus“, „Wanderbar“ angeboten, mit Sauna, Sekt und Candlelight-Dinner. Das Restaurant bietet drinnen und draußen

Das idyllisch gelegene Naturpark-Hotel Weilquelle

auf der Terrasse saisonale und kulinarische Spezialitäten. Das traumhafte Ambiente des Naturpark-Hotels Weilquelle gehört übrigens mit zu den schönsten Hochzeits-Locations in Deutschland.

Einen besonderen kulinarischen Genuss verspricht der Besuch des Refectoriums, wo den Gästen echte römische Speisen des berühmten Feinschmeckers Apicius stilvoll serviert werden.

Direkt vom Hotel führen markierte Rad- und Wanderwege durch den Taunus, Skipiste und Lift befinden sich direkt am Hotel; Golf, Reiten, Tennis machen den Aufenthalt zu einem abwechslungsreichen Erlebnis.

Und wenn Sie einmal einen winterlichen Ausflug planen, um der Liebsten einen Schneemann zu bauen, Auskunft gibt das Schneetelefon unter 0 61 71/50 78 17.

Naturpark-Hotel Weilquelle
Limesstraße 16
61389 Schmitten-Oberreifenberg
Tel. 0 60 82/97 00
weilquelle@naturparkhotel.de
www.naturparkhotel.de

Das Landgrafenschloss

Bevor Landgraf Friedrich II. ab 1680 auf der Anhöhe ein barockes Schloss errichten ließ, stand hier seit dem 11. Jahrhundert eine Burg mit zwei Höfen und einem hohen Bergfried. Der obere Schlosshof ist an drei Seiten bebaut, nach Westen geht der Blick über die Mauer zum Schlosspark und zu den Taunusbergen hinüber.

Inmitten des Hofs erhebt sich der freistehende Weiße Turm. Zwischen 1368 und 1375 erbaut, war er der Bergfried der Hohenburg. Als der Prinz, der spätere Landgraf Friedrich IV., 1818 die vermögende englische Prinzessin Elizabeth heiratete, ging der Wunsch des Prinzen, einen „Salon für vierzig Personen im großen Tannenwald" zu besitzen, in Erfüllung. Seit 1823 steht im Tannenwaldweg 3 das Gotische Haus, heute ein Museum.

www.bad-homburg.de

Nach 1866 gehörte Homburg zu Preußen. Das Schloss war jetzt Sommerresidenz der preußischen Könige, die ab 1871 zugleich deutsche Kaiser waren. Besucher erleben während einer Führung (geöffnet März – Okt. Di. – So. 10 – 17 Uhr, Nov. – Febr. Di. – So. 10 – 16 Uhr) durch das Schloss eine Zeitreise durch die Kaiser- und Landgrafenzeit. Barockgarten und Schlosspark sind bis zum Anbruch der Dunkelheit frei zugänglich.

Der Eingang zum Schloss an der Dorotheenstraße

Landgrafenschloss
61348 Bad Homburg v. d. Höhe
Tel. 0 61 72/9 26 21 48
info@schloesser.hessen.de

www.bad-homburg-tourismus.de
www.badhomburger-schloss-konzerte.de

Kur Royal – ein königliches Vergnügen

Einst waren es Kaiser, Könige und Fürsten, die sich im Kaiser-Wilhelms-Bad mit Mineralbädern und Heilton behandeln ließen. Heute steht diese bezaubernde Welt allen zur Verfügung. In zwei bis zwölf Stunden genießen die Besucher zum Beispiel Rasul, ein orientalisches Reinigungs- und Pflegeritual, Heudampfbäder und Ayurveda-Behandlungen. Dazu werden verschiedene wohltuende Bäder wie das Louisenbad double, Massagen und Packungen angeboten (geöffnet tägl. 10 – 22 Uhr).

Kur Royal Day Spa
Kaiser-Wilhelms-Bad im Kurpark
61348 Bad Homburg v. d. Höhe
Tel. 0 61 72/1 78 31 78
info@kur-royal.de
www.kur-royal.de

Das Horex Museum

Ein spannender Ausflug für Motorradfahrer und ihre Beifahrerinnen ist der Besuch des Horex Museums (geöffnet Mi. 10 – 14 Uhr, Sa., So. 12 – 18 Uhr). Der spektakuläre Museumsbau südlich vom Hauptbahnhof, wo früher die Horex-Werke standen, ähnelt dem Äußeren eines Zylinderkopfs. Zu bewundern sind historische Hochräder, Vorläufer der Fahr- und Motorräder und Objekte der Marke REX, die Bestandteil des Markennamens wurde. Im Museum werden halbjährlich Modellwechsel vollzogen. Stets dabei: die Horex Regina, die Königin – und das erfolgreichste Motorrad seiner Zeit. Im Jahr 1960 wurde das Werk geschlossen und 2010 die neue Horex-Manufaktur gegründet. Seit Sommer 2012 gibt es die HOREX VR6 Roadster.

Horex Museum
Horexstraße 6
61352 Bad Homburg v. d. Höhe
Tel.0 61 72/3 76 18
museum@bad-homburg.de
www.bad-homburg.de/museum

Das Römerkastell Saalburg

Oberhalb von Bad Homburg v. d. Höhe liegt das Kastell an einem Taunuspass. Die 550 Kilometer lange römische Grenzanlage Limes vom Rhein bis zur Donau ist mit der Saalburg, dem einzigen rekonstruierten Kastell, zum Weltkulturerbe der UNESCO ernannt worden.

Die erste Anlage zur Sicherung des Limes bestand aus einem Holzkastell und zwei Schanzen. Um 135 n. Chr. wurde das Kastell vergrößert und dann stetig erweitert. Aus bis zu 600 Fußsoldaten und Reitern bestand die Besatzung des Kastells. In der Außensiedlung lebten und arbeiteten bis 1.500 Menschen.

Im Jahr 259/260 wurde der Limes von den Alemannen überwunden, die Saalburg erobert. Langsam zerfiel das Kastell, diente als Steinbruch.

Kaiser Antoninus Pius

Erst im 19. Jahrhundert begannen die Forschungen und Ausgrabungsarbeiten. Kronprinz Wilhelm, der sommers mit seinen Eltern im ehemaligen Landgrafenschloss in Homburg weilte, förderte als Kaiser Wilhelm II. die Rekonstruktion des Kastells.

Wehranlagen, Gebäude und die unzähligen Ausstellungsstücke lassen die Römerzeit zum Erlebnis werden (geöffnet März – Okt. tägl. 9 – 18 Uhr, Nov. – Febr. Di. – So. 9 – 16 Uhr). Im Museumscafé „Taberna" werden auch antike Speisen aufgetischt.

Römerkastell
Archäologischer Park
Saalburg 1
61350 Bad Homburg v. d. Höhe

Tel. 0 61 75/9 37 40
info@saalburgmuseum.de
www.saalburgmuseum.de

Das Freilichtmuseum Hessenpark

Inmitten einer waldreichen Hügellandschaft liegt Neu-Anspach mit dem Freilichtmuseum Hessenpark. Hier können die Besucher die bäuerlich-handwerkliche Vergangenheit des Hessenlandes erleben (geöffnet März – Okt. tägl. 9 – 18 Uhr, Nov. – Febr. Sa., So. 10 – 17 Uhr). Bis heute sind hier über 100 Originalgebäude wieder aufgebaut worden, die an ihrem ursprünglichen Standort nicht mehr erhalten werden konnten.

Im Hessenpark werden Wiesen, Weiden und Felder landwirtschaftlich genutzt. Bäcker, Korbmacher, Töpfer, Weber und Schmiede zeigen ihre alte Handwerkskunst. In den Hofläden gibt es viele landwirtschaftliche und handwerkliche Produkte zu kaufen. Das Wirtshaus „Zum Adler“ stand seit 1712 in Fürth im Odenwald. Nun steht es im Hessenpark, und hier werden so feine Sachen aufgetischt wie Schmunzel, Storzeniere, Häppchen, Flammbloatz, Dukes und Scheppklies.

Die Fachwerkkirche wurde 1624 in Niedermörlen erbaut

Die Kirche in Niedermörlen wurde 1973 abgebaut und ein Jahr später im Hessenpark wieder aufgebaut. Im Innern stützen marmorierte Balken die rundherum laufenden Emporen. Die Brüstungen sind bemalt und zeigen Evangelisten, Apostel und Szenen aus dem Leben von Jesus. Auf der Stuhlverkleidung hinter dem Altar weist eine Inschrift aus dem Jahr 1774 auf den Stifter Johann Peter Jödt hin.

Freilichtmuseum Hessenpark
Laubweg 5
61267 Neu-Anspach
Tel. 0 60 81/58 80
service@hessenpark.de
www.hessenpark.de

Restaurant Landsteiner Mühle, Weiltal

Eine Mühle in Landstein wird um 1500 erstmals erwähnt. Am 28. Februar 1652 kam die Meldung: „Die Landsteiner Mühl ist übern Haufen gefallen, keine Scheuer stehet mehr …" Aber sie wurde wieder aufgebaut, dann 1957 endgültig stillgelegt und dient seitdem als Gasthaus, seit 2007 als erstes ApfelWeinBistrorant (saisonal bedingte Öffnungszeiten, zu erfahren übers Internet oder per Telefon). Hier wird dem Apfel allergrößte Ehre erwiesen. Er wird hier angebaut, geerntet, gekocht, geschmort, gebacken, gekeltert … Eine Ferienwohnung steht den Gästen in Weilrod-Altweilnau, keine 500 Meter vom Weiltalrad- und -wanderweg entfernt, zur Verfügung.

Landsteiner Mühle
Landstein 1
61276 Weilrod
Tel. 0 60 83/3 46 (Restaurant und Ferienwohnung)
mehlbox@landsteiner-muehle.de
www.apfelweinbistrorant.de

Helikopterflüge und Ballonfahrten

Eine Hochzeit ist ein besonderes Ereignis. Der Helikopter fliegt die Brautleute zur Kirche und die Gäste staunen, wer da plötzlich vom 7. Himmel herabschwebt. Vielleicht besorgen aber auch die Gäste den Helikopter und überraschen die Brautleute vor der Kirche damit.

Während die Frischvermählten in den 7. Himmel aufsteigen, fahren die Gäste mit ihren Autos zur Party. Nach diesem Traumstart in die Ehe treffen sich alle wieder zum Feiern. Helikopterflüge, Info-Tel. 0 80 00/35 93 59 oder unter: info@helifliegen.de, www.helifliegen.de

Oder wie wäre es mit einem Antrag in einem Heißluftballon hoch über dem Taunus? Zwischen Mai und September fahren die Ballons von Gräfenwiesbach oder Münzenberg in den Himmel. Weil der Ballon nur startet, wenn vier bis fünf Personen an Bord gehen, nehmen Sie vielleicht gleich Ihre zukünftigen Trauzeugen mit an Bord.

www.ballonfahrten-taunus.de

Wiesbaden und seine Umgebung

Badespaß und Naturgenuss

Highlights: Hofgut Georgenthal im Taunus, die Bar Dostojewski in Wiesbaden, der attraktive Neroberg mit der russischen Kirche, Opelbad und Opelbad-Restaurant.

Die Landeshauptstadt Hessens liegt malerisch an Rhein und Taunus. Kelten, Römer und Germanen haben ihre Spuren hinterlassen. Wo heute in der eleganten Kaiser-Friedrich-Therme die Besucher Entspannung, Ruhe und Erholung finden, hatten bereits die Römer ein Schwitzbad errichtet. Aufregend kann der Besuch der Spielbank in Wiesbaden werden. Der Neroberg ist ein außergewöhnlich attraktiver Ort, am schönsten mit der Nerobergbahn zu erklimmen. Ein Spaziergang durch den Kletterwald bietet ein Naturerlebnis besonderer Art.

Aus dem Zehnthof ist ein Sterne-Hotel geworden

Hofgut Georgenthal im Taunus

Der liebevoll renovierte Zehnthof aus dem 17. Jahrhundert in herrlicher Alleinlage im sanfthügeligen Untertaunus ist ein wunderbarer Ort für einen kürzeren oder längeren Aufenthalt und für romantische Hochzeitsfeiern. Der hoteleigene Hochzeitspavillon steht direkt am Weiher.

Das Vier-Sterne-Superior-Hotel ist eines der besten Landhotels Deutschlands. Hier werden die Gäste in einem exklusiven Beauty Spa verwöhnt. Sauna, feiner, kleiner mediterraner Pool, Fitnessraum, Sonnenterrasse und Liegewiese mitten in der Natur runden das Entspannungsprogramm ab.

Das Restaurant „Giorgios“ mit der Sommerterrasse (geöffnet Mo. – Fr. 12 – 15 Uhr, 18 – 23 Uhr, Sa., So., Feiert. 12 – 23 Uhr) umsorgt Sie mit regionalen, saisonalen und mediterranen Speisen. Die trendige Kaminlounge und Bar (Sommerlounge im Innenhof) mit dem sensationellen Panoramablick lädt nach dem Frühstück auf einen Plausch bei Cappuccino oder abends auf einen regionalen Obstbrand ein.

Hier im wunderschönen Taunustal gibt es inmitten des Naturparks Rhein-Taunus viele Wander- und Radwanderwege. Auf dem Limes-Rundwanderweg des UNESCO-Welterbes können Sie das Hofgut umrunden.

Hotel Hofgut Georgenthal
Georgenthal 1
65329 Hohenstein
Tel. 0 61 28/94 30
info@hofgut-georgenthal.de
www.hofgut-georgenthal.de

Aus dem Tudor-Schloss ist ein feines Hotel geworden

Das Schlosshotel Rettershof in Kelkheim

Ausgangsort für Ausflüge nach Wiesbaden und in den Taunus kann auch der Rettershof sein. Das Ensemble mit dem Schloss im Tudor-Stil und dem Hofgut lockt jährlich Tausende von Besuchern in die Talaue des Rettershofer Bachs. Ein Prämonstratenserkloster an dieser Stelle wurde 1146 erstmals urkundlich erwähnt. Im Jahr 1884 kaufte Frederik Arnold Rodewald das ehemalige Kloster und ließ ein Schloss im englischen Landhaustil erbauen.

Das bemerkenswerte Bauwerk wurde 1983 saniert und durch einen Anbau zu einem eleganten Hotel mit À-la-carte-Restaurant (geöffnet täglich 12 – 14 Uhr, 18.30 – 22 Uhr) verwandelt. Für zwischendurch lockt im Sommer die Sonnenterrasse mit Kaffee und hausgemachtem Kuchen oder die Schloss-Hütte mit kleinen Leckereien wie Flammkuchen und Bärlauchbratwurst.

Sie spielen Golf? Dann ist das Arrangement „Feel-Good-Tage" mit Wellness und feinem Essen das Richtige für Sie. Die Dinner-Show „Fiesta Hispania" verbindet große Musik voller Liebe und Freude, Leid und Stolz mit einem kulinarischen Drei-Gang-Menü. Freunde italienischer Küche und italienischer Oper entscheiden sich für die Dinner-Show „Serata Italiana mit Opera et Cetera". „Fine Dine @ Home" ist ein privater Kochkurs in einer professionellen Küche.

Schlosshotel Rettershof
Rettershof 5
65779 Kelkheim-Fischbach
Tel. 0 61 74/2 90 90
info@schlosshotel-rettershof.de
www.schlosshotel-rettershof.de

Die Spielbank Wiesbaden

Das prächtige Gebäude des Kurhauses wurde 1904 bis 1907 errichtet. Neben einer ausgezeichneten Gastronomie in edlem Ambiente (geöffnet tägl. 18 – 1 Uhr, Bar 14.45 – 4 Uhr) ist hier auch die Spielbank zu Hause. Das Klassische Spiel umfasst Französisches Roulette, American Roulette, Black Jack und Poker (geöffnet tägl. 14.40 – 4 Uhr). In den Kurhaus-Kolonnaden warten über 180 Automaten auf Günstlinge des Glücks (geöffnet tägl. 12 – 4 Uhr).

Die Spielbank Wiesbaden ist eines der schönsten, traditionsreichsten und niveauvollsten Casinos der Welt. Deshalb kommen die Gäste auch in gepflegter Kleidung, die Herren in Hemd und Jackett, gerne auch mit Krawatte oder Fliege. Ein Lichtbildausweis ist vorzulegen. Das Casino ist geschlossen an folgenden Tagen: Karfreitag, 1. Mai, Fronleichnam, Totensonntag, Volkstrauertag, 24. und 25. Dezember.

Spielbank Wiesbaden
GmbH & Co.
Kurhausplatz 1
65189 Wiesbaden

Infoline: 0611/53 61 00
info@spielbank-wiesbaden.de
www.spielbank-wiesbaden.de

Die Dostojewski Bar in Wiesbaden

Der russische Schriftsteller Fjodor Dostojewski war ein leidenschaftlicher Spieler und oft Gast in der Spielbank Wiesbaden. Von ihm stammt der packende Roman „Der Spieler". Er ist der Namensgeber der edlen Bar im Radisson Blu Schwarzer Bock Hotel, Kranzplatz 12, in Wiesbaden. Neben einer umfangreichen Getränkekarte werden auch verschiedene Snacks serviert (geöffnet Mo. – Sa. 18 Uhr bis open end, So. 15 Uhr bis open end).

Das geschichtsträchtige Hotel hat natürlich auch ein Herz für Paare: „Zeit zu zweit" heißt ein luxuriöser Verwöhn-Kurzurlaub. Das Restaurant ist Mo. – Sa. 6.30 – 22 Uhr, der herrliche Hofgarten im Sommer täglich 12 – 23 Uhr geöffnet.

info.wiesbaden@radissonblu.com
www.radissonblu.de

Kaiser-Friedrich-Therme

Das luxuriöse Irisch-Römische Bad mit seinen reichen Malereien, Reliefs und Ornamenten ist ein zauberhafter Prachtbau. Hier hatten schon die Römer ein Schwitzbad eingerichtet und genossen das über 66 Grad heiße Wasser der Adlerquelle. Heute können hier die Besucher abwechslungsreich saunieren. Dafür stehen zur Verfügung: Dampfsteinbad, Tepidarium, Sudatorium, Sanarium, die finnische Sauna und das russische Dampfbad. Für Abkühlung sorgen das Lavacrum, die tropische Eisregenzone und das historische Schwimmbecken.

Diese Therme ist eine schöne Erlebniswelt für alle Arten von Wellness- und Beauty-Anwendungen

Ruhe und Entspannung finden die Besucher im Frischluftraum sowie im Lumenarium mit seinen Lichtpunkten am Gewölbehimmel. Das Angebot der Quellenbar reicht von Sekt bis Selters.

Im Gartengeschoss der Therme befinden sich der Rasulraum, ein Solarium und ein Sandbad. Massagen und Soft-Pack-Anwendungen runden das Angebot der Therme ab. Textilfreies Baden wird hier bevorzugt (geöffnet Mai – Aug. tägl. 10 – 22 Uhr; Sept. – Apr. tägl. 10 – 22 Uhr, Fr., Sa. 10 – 24 Uhr; Di. Damentag).

Kaiser-Friedrich-Therme
Langgasse 38-40
65183 Wiesbaden

Tel. 06 11/31 70 60
kft@wiesbaden.de
www.wiesbaden.de

Mit der Nerobergbahn nach oben

Die schönste Art, auf den 245 Meter hohen Hausberg der Wiesbadener, den Neroberg, zu gelangen, ist die Fahrt mit einem technischen Kulturdenkmal, der Nerobergbahn. Seit 1888 ist die umweltfreundliche Bahn mit der beschaulichen Geschwindigkeit von 6,7 km/h in Betrieb. Die Fahrt dauert nur dreieinviertel Minuten, um die 80 Höhenmeter zu überwinden, aber romantischer geht es nicht hinauf (Apr., Sept., Okt. Mi. 12 – 19 Uhr, Sa., So., Feiert. 10 – 19 Uhr; Mai – Aug. tägl. 9.30 – 20 Uhr).

In der Nähe der Bergstation der Bahn befindet sich der anmutige Neroberg-Tempel von 1851, von hier genießen die Besucher eine großartige Aussicht über Wiesbaden, Mainz, den Rheingau und Rheinhessen. Verliebte und andere Paare treffen sich hier oben gern zum Jahreswechsel, um das neue Jahr fröhlich mit Sekt oder Selters zu begrüßen und das brillante Feuerwerk zu bestaunen.

Die Nerobergbahn ist ein technisches Denkmal

Auf dem Neroberg befindet sich auch der denkmalgeschützte Wiesbadener Weinberg, von dem ein 2,5 km langer Waldlehrpfad seinen Anfang nimmt. Schon nach wenigen Schritten leuchten die goldenen Kuppeln der fünf Zwiebeltürme der russischen Kirche. Sie wurde im russisch-byzantinischen Stil zwischen 1847 und 1855 erbaut und wie viele Kirchen ihrer Art als griechische Kapelle bezeichnet (geöffnet Sa., So., Feiert. Nov. – April 12 – 16 Uhr, Mai – Okt. 10 – 17 Uhr.

www.roka.germany.net

Kletterwald auf dem Neroberg

Wer möchte seiner Liebsten nicht einmal zeigen, dass er genauso wie Tarzan mit einer Liane von Baum zu Baum schwingen oder wie Indiana Jones auf einer schwankenden Hängebrücke balancie-

„Ich Tarzan, du Jane"

ren kann? Möglich ist das im Kletterwald Neroberg. Über 100 spannende Elemente machen einen „Spaziergang" hoch in den uralten Buchen und Eichen von März bis November zu einem einmaligen Abenteuer. Um lange Wartezeiten zu vermeiden, empfiehlt sich eine Anmeldung.

Kletterwald Neroberg
Auf dem Neroberg 1
65193 Wiesbaden
Tel. 0170/4 58 04 66
info@weitblick-kletterwaelder.de
www.weitblick-kletterwaelder.de

Freibad und Restaurant mit Aussicht – das Opelbad

Hoch oben auf dem Neroberg thront das elegante, denkmalgeschützte Opelbad im Bauhausstil. Der Besuch der finnischen Sauna (geöffnet Mitte Mai – Mitte Sept tägl. 7 – 20 Uhr) ist ein besonderes Erlebnis.

Die Gäste des Opelbads schätzen ebenso wie die anspruchsvollen Gäste aus aller Welt die Küche und die ruhige Atmosphäre des Opelbad-Restaurants inmitten der sonnigen Weinberge (geöffnet tägl. 11 – 23 Uhr, Okt. – 1. Mai, Mo. Ruhetag).

Hier lässt es sich auch wunderbar Hochzeit feiern. Die Nerobergbahn bringt das Hochzeitspaar und die Gäste auf den Neroberg. Am „Turm" oder im Neroberg-Tempel wird ein Apéritif eingenommen. Anschließend wird auf der Badeterrasse fröhlich mit Musik und Tanz gefeiert. Zur späten Stunde erfrischt ein prickelndes Bad.

Opelbad-Restaurant
Auf dem Neroberg 2
65193 Wiesbaden
Tel. 0611/52 51 00
info@wagner-gastronomie.de
www.wagner-gastronomie.de

Hofheimer Liebesgeschichte:
Die Damen Roederstein und Winterhalter

Ottilie Wilhelmine Roederstein (1859 bis 1937) wurde als Kind deutscher Eltern in Zürich geboren. Sie lernte zeichnen, studierte in Paris. 1883 beteiligte sie sich mit einigen Werken an den Ausstellungen des Pariser „Salon", auf der Weltausstellung 1889 gewann sie eine Silbermedaille.

Dr. Elisabeth Winterhalter (1856 bis 1952) ist bei München aufgewachsen, kam später in ein Kloster, bevor sie in Zürich Medizin studierte. Hier traf sie 1885 Ottilie Roederstein. Elisabeth arbeitete als Ärztin in Paris, München, Stockholm und Frankfurt. In der Stadt am Main bildeten Ottilie und Elisabeth seit 1891 eine Lebens- und Wohngemeinschaft. Die beiden Damen unternahmen zahlreiche Reisen in Europa und Nordafrika. 1909 übersiedelten beide nach Hofheim am Taunus, wo sie sich in einem großen Garten am Kapellenberg ein Haus bauen ließen. Ottilie erhielt die Ehrenplakette der Stadt Frankfurt und die Ehrenbürgerschaft der Stadt Hofheim. Gemälde von ihr sind im Stadtmuseum Hofheim zu sehen (www.hofheim.de). Gemeinsam liegen die Freundinnen in einem Ehrengrab auf dem Hofheimer Waldfriedhof.

Ottilie W. Roederstein: Park hinter dem Städel. Gemälde, Öl auf Graukarton, 1910

Charmanter Rheingau

für Kunstsinnige, Weinliebhaber und Naturfreunde

Die Highlights: Das berühmte Hotel Krone, Kloster Eberbach, mit dem Öko-Flitzer durch die Weinberge, das Brentano-Haus in Winkel, der Regionalpark.

Der Rheingau ist eine einzigartige Kulturlandschaft, die alle Sinne berührt. Lesen Sie die tragische Liebesgeschichte der Dichterin Karoline von Günderrode. Sie verkehrte, wie Goethe, die Brüder Grimm und Achim von Arnim, im Brentano-Haus. Zu Fuß oder mit der Seilbahn geht's hinauf zum Niederwalddenkmal. Ein besonderes Geschenk für Verliebte ist der Erwerb eines Rebstocks. Eine romantische Wanderung führt durch die Weinberge des Rheingaus hinauf zur mächtigen Benediktinerinnenabtei St. Hildegard. Oder wie wäre es mit einer Krippenwanderung an einem klirrend kalten Januartag? Radlern empfehlen wir eine Tour von Flörsheim nach Hattersheim.

Das Brentano-Haus, ein zentraler Ort der Romantik

Karoline von Günderrode – Ihre Liebe und ihr Tod
Karoline von Günderrode wurde 1780 in Karlsruhe geboren und wuchs in Hanau auf. Von 1797 bis 1799 wohnte sie als Stiftsfräulein in Frankfurt. Sie tat etwas, was sich für eine Dame nicht schickte, sie studierte zeitgenössische Dichtung und Philosophie, schrieb Gedichte und Dramen. Oft traf sie sich mit Freunden auf dem Hofgut Trages im Kinzigtal. Das Gut gehörte den Savignys. Karoline liebte Friedrich Carl von Savigny. Aber der konservative Jurist wollte keine eigenwillige Dichterin zur Frau, er heirate Gunda Brentano, eine Freundin von Karoline.

Karoline war von den Schriften des Heidelberger Historikers Friedrich Creutzer beeindruckt und verliebte sich in ihn. Creutzer war glücklos verheiratet, versprach, sich scheiden zu lassen. Aber Creutzer war zu schwach für Karolines Liebe, er blieb bei seiner Frau.

1806 weilte Karoline wieder einmal in Winkel. Am Abend des 26. Juli ging Karoline wie so oft zum Ufer des Rheins. Am nächsten Morgen fand man sie mit einer Wunde in Brust und Herz. Der Dolch lag an ihrer Seite. Auf dem Friedhof von Winkel liegt sie begraben.

Für Romantiker – Das Brentano-Haus in Winkel

Im Jahr 1804 erwarb die Familie Brentano das von einer Mauer umgebene Gebäude in Winkel mit dem mächtigen Mansardendach. Goethe verbrachte hier zusammen mit der Familie Brentano viele glückliche Stunden. Andere illustre Gäste waren Achim von Armin, der Bettina Brentano heiratete, die berühmten Märchenbrüder Grimm, die unglückliche Karoline von Günderrode.

Heute finden in den historischen Räumen des Brentano-Hauses Führungen, Lesungen und Weinproben, auch romantische Schlenderweinproben durch den Garten statt. Offene Führungen werden meistens zweimal im Monat an einem Samstag um 16 Uhr veranstaltet.

An den Tagen des offenen Denkmals ist das Brentano-Haus ebenfalls geöffnet. Im Gutsausschank mit dem herrlichen Garten werden zu den feinen Weinen kulinarische Köstlichkeiten gereicht.

Brentano-Haus
Baron von Brentano
Am Lindenplatz 2
65375 Oestrich-Winkel

Tel. 0 67 23/20 68
brentanohaus@brentano.de
www.brentano.de

Krippenwanderung im Rheingau

Die vielen außergewöhnlich schönen Weihnachtskrippen in den Kirchen des Rheingaus stellen die frohe Botschaft von der Geburt Christi anschaulich dar.

Eine wunderbare Winterwanderung zu den schönsten Krippen dauert ungefähr drei Stunden. Die Führung von Eltville zu den jeweiligen Pfarrkirchen findet Anfang Januar an einem Samstag oder Sonntag statt. Bei dem stimmungsvollen Rundgang zu Beginn des neuen Jahres gibt es Wissenswertes über die Krippenkultur zu erfahren, rezitierte Mundartgedichte, Glühwein und Gebäck bereichern die informative Führung (Auskunft und Anmeldung: Tel. 0 61 23/98 98 58, monika@alberthomenet.de).

Das Hotel Krone in Assmannshausen

Das luxuriöse Hotel gibt es bereits seit 1541. Es liegt direkt am Rhein und am Fuß der weltberühmten Rotweinlage und mitten im Weltkulturerbe Mittelrheintal. Die romantischen Zimmer des Hotels erlauben einen Blick auf den Rhein oder die Weinberge. Suiten bieten jeglichen Komfort mit Balkon, Rheinpanorama, offenem Kamin und eigener Sauna. Im Restaurant „Veranda" des Hotels treffen sich Genießer und Gourmets (geöffnet Mi. – Sa. 19 – 21.30 Uhr, die „Kronenstube" ist täglich zwischen 12 und 21.30 Uhr geöffnet).

Ein Hotel-Arrangement heißt „Krone Romantik am Rheinsteig", zum Aufenthalt gehört auch ein gut gefüllter Rucksack mit Proviant für Ihre Wanderung auf dem Rheinsteig von Assmannshausen über das Jagdschloss zum Niederwalddenkmal, etwa acht Kilometer lang. Von dort geht's zurück oder mit der Seilbahn hinunter nach Assmannshausen. Am nächsten Tag wartet im Hotel eine Bein-/Fuß-Vitalbehandlung auf Sie.

Die Krone, die der Dichter Ferdinand Freiligrath besungen hat

Hotel Krone
Assmannshausen
Rheinuferstraße 10
65385 Rüdesheim-Assmannshausen
Tel. 0 67 22/40 30
info@hotel-krone.com
www.hotel-krone.com

Im Juli steht der Rhein zwischen Bingen und Rüdesheim in Flammen, ein einmaliges leuchtendes und funkelndes Spektakel. Um den 20. Juni herum sieht Assmannshausen rot: die Rheinuferstraße erstrahlt ganz in Rot, dazu wird natürlich roter Spätburgunder ausgeschenkt. Von Ende November bis kurz vor Weihnachten findet in der historischen Altstadt von Rüdesheim der Weihnachtsmarkt mit 120 Ständen aus zwölf Nationen statt. Höhepunkt ist am 21. Dezember die Thomasnacht mit dem traditionellen Zug durch die Stadt.

Jagdschloss und Niederwalddenkmal

Um das Jahr 1764 ließ Maximilian von Ostein das heutige Haupthaus als Jagdschloss erbauen. In der Mitte des 20. Jahrhunderts wurde aus dem Jagdschloss ein Hotel mit Restaurant (geöffnet täglich 12 – 14 Uhr, 18 – 21 Uhr; Café „Rheinblick" geöffnet täglich 10 – 18 Uhr). Der ehemalige Adelssitz liegt malerisch in der Höhe und kann zu Fuß oder mit der Seilbahn von Rüdesheim und Assmannshausen erreicht werden. Vom Jagdschloss führt ein Weg über die Zauberhöhle mit dem zauberhaften Blick über die reizvolle Landschaft zum Aussichtsturm Rossel, zur Adlerwarte und zum Niederwalddenkmal. Die Germania wurde zwischen 1877 und 1883 errichtet; ihre mächtige Figur ist 12,38 Meter hoch und eine internationale Touristenattraktion.
www.niederwald.de

Ich schenke dir einen Weinstock und zehn Flaschen Wein

Sie suchen für ein Brautpaar oder für Ihre Liebste/Ihren Liebsten ein besonderes Geschenk? Kaufen Sie beim Weingut Allendorf in Oestrich-Winkel einen Weinstock, und die Beschenkten erhalten ein Jahr nach der Lese wahlweise fünf oder zehn

Rieslingtrauben, aus denen der berühmte Wein gekeltert wird

Jahre lang jeweils eine Flasche Winkeler Hasensprung-Riesling oder Assmannshäuser Hinterkirch.

Weingut Fritz Allendorf
Kirchstraße 69
65375 Oestrich-Winkel
Tel. 0 67 23/91 85 0
allendorf@allendorf.de
www.allendorf.de

Ein Spaziergang zur hl. Hildegard

Über Eibingen, dem östlichen Stadtteil von Rüdesheim, thront die Benediktinerinnenabtei St. Hildegard, die schon von weitem zu sehen ist. Ein Spaziergang durch die Weinberge führt hinauf zum mächtigen Kloster mit seiner Basilika. Von 1900 bis 1904 wurde die mächtige Anlage im romanischen Stil erbaut. Die Abteikirche ist wegen ihrer Ausmalung berühmt. Sehenswert sind vor allem die Szenen aus dem Leben und Wirken der hl. Hildegard. Darstellungen aus dem Alten und Neuen Testament ergänzen den reichen Bilderschmuck. Der Klosterladen lockt mit einem reichen Angebot an Literatur und Geschenkartikeln, Dinkelprodukten und Klosterwein.

www.abtei-st-hildegard.de

Das Kloster Eberbach in Eltville

Eingebettet in die liebliche Natur im Kisselbachtal ist das ehemalige Zisterzienserkloster ein Gesamtkunstwerk aus Architektur und Geschichte, Kultur und Wein. Die frommen Mönche lebten hier im 12. Jahrhundert asketisch und bauten Wein an. Im Rahmen der Säkularisierung wurde 1803 das Kloster aufgehoben; eine Weinbaudomäne entstand. Während einer Führung durch das Kloster erhalten die Besucher Gelegenheit, das Wirken der Zisterzienser in Eberbach kennenzulernen.

Ein einmaliges Erlebnis von Klosterarchitektur und Weingenuss können Einzelpersonen und Paare während der „Offenen Weinprobe“ erleben, die meistens dreimal im Monat zwischen April und Dezember stattfindet.

Blick vom Kreuzgang in den Innenhof des Klosters

Die Offenen Schlenderweinproben tragen so klangvolle Namen wie „Musikalische Schlenderweinprobe“, Jazz-Wine-History“, „Traditionsweinprobe“, „Eberbacher Rieslingprobe“ oder “Burgunderprobe“.

Innerhalb der Klostermauern befinden sich das heutige Gästehaus und die Klosterschänke. Genießen Sie als Hotelgäste wie einst die Mönche Ruhe, Einkehr, Verpflegung und ausgezeichnete Weine. Wie wäre es mit einem Verwöhnwochenende im Kloster Eberbach in der ungemütlichen Jahreszeit? Das Arrangement heißt „Winter-Special“.

Das Restaurant „Klosterschänke“ ist zwischen 11.30 und 22 Uhr geöffnet. Vinothek und Klosterladen befinden sich im ehemaligen Kelterhaus östlich des frühgotischen Hospitals und sind zwischen 10 und 18 Uhr geöffnet. Hier ist natürlich auch das Buch „Der Name der Rose“ von Umberto Eco erhältlich; der spannende Film zum Buch wurde hier im Kloster Eberbach gedreht.

Hessische Staatsweingüter
Kloster Eberbach
65346 Eltville
Tel. 0 67 23/60 4 60
weingut@kloster-eberbach.de
www.kloster-eberbach.de

Mit dem Segway durch die Weinberge

Wollen Sie eine außergewöhnliche Tour durch die Weinberge erleben? Mit dem schicken Öko-Flitzer auf zwei Rädern ist das möglich.

Die Segwalk-Weinberg-Tour findet an festgelegten Terminen (für Gruppen ab acht Personen auch auf Anfrage) im Sommer statt, eine Anmeldung ist notwendig. Die einzigartige Tour beginnt und endet bei Schloss Vollrads. Von hier rollen Sie durch die Weinberge zu Schloss Johannisberg. Von dort geht's zum Rheinufer und weiter bis zum Oestricher Kran. Von Oestrich-Winkel rollen Sie weiter durch die Weinberge und das Vollradser Wäldchen. Unterwegs gibt es die Möglichkeit für eine Rast in „Krayers Mühle" oder in der Altstadt von Oestrich-Winkel. Sie können die Tour aber auch im Gutsausschank von Schloss Vollrads ausklingen lassen. Beachten Sie bitte die Teilnahmevoraussetzungen.

Rheingau-Wanderung auf rollenden Rädern

Auf der Regionalpark-Route zur Flörsheimer Warte

Machen Sie doch einmal eine erlebnisreiche Radtour durch den Regionalpark. Sie ist rund 20 Kilometer lang und beginnt am S-Bahnhof in Flörsheim, wo die S1 hält. Über die Bahnhofstraße und Obermainstraße erreichen Sie den Mainuferweg, hier geht's nach rechts, nach der Unterquerung der Opelbrücke rechts hoch zur Hochheimer Straße, dann links den Kreuzweg zur Kapelle hinauf und weiter zur Flörsheimer Warte (geöffnet im Sommer Mo. – Fr. ab 12 Uhr, Sa. ab 11 Uhr, So. und Feiert. ab 9.30 Uhr). Hier in den Wickerer Bergen beginnt der Rheingau.

Die Flörsheimer Warte am Regionalpark-Weg

Nach der Stärkung mit Wein und Weck oder anderen Köstlichkeiten führt der Weg durch den Weinlaubengang. Am Panoramaweg, der weite Ausblicke gewährt, stehen große Steinskulpturen. Auf dem Faulbrunnenweg wird die A3 überquert. Alleen führen um Weilbach herum. Ein Weg führt hinauf zum Haus des Dichters, ein offenes Haus für Goethe, an dessen Wänden Gedichte zu lesen sind. Der ausgeschilderte Weg führt nun zum Naturschutzhaus Weilbacher Kiesgruben und zum Regionalpark-Besucherzentrum (geöffnet Di. – So. 10 – 18 Uhr) mit dem originellen Aussichtsturm.

Am Naturschutzgebiet vorbei wird das Nussbaumquartier mit der großen Raben-Skulptur erreicht. Die Speierlingsallee führt zum Obstbaumrondell. Rechts geht's auf einer Brücke über die Eisenbahn, dann zum Rosarium. Von der Mainstraße führt der Weg nach links am Schwarzbach entlang. Links führt dann die blaue Brücke zum Bahnhof Hattersheim, wo die S1 die Ausflügler nach Hause bringt.

Der Regionalpark-Turm

Regionalpark-RheinMain
Frankfurter Straße 76
65439 Flörsheim-Weilbach
Tel. 0 61 45/9 36 36 20
information@regionalpark-rheinmain.de
www.regionalpark-rheinmain.de

Der Weinlaubengang an der Flörsheimer Warte

Darmstadt und hessische Bergstraße

Hier will Deutschland Italien werden

Die Highlights: Goldschmidts Park, Erlebnispfad Wein & Stein in Heppenheim, Mathildenhöhe in Darmstadt mit dem Hochzeitsturm, Spargelradtour durchs Groß-Gerauer Land.

Darmstadt trägt viele Namen: Wissenschaftsstadt, Stadt des Jugendstils, Tor zum Odenwald. Wandern Sie auf dem romantischen Burgenweg von Darmstadt nach Jugenheim, spazieren Sie rund um das romantische Fürstenlager mit seinen seltenen Bäumen und historischen Gebäuden. Schlendern Sie Hand in Hand auf die Darmstädter Rosenhöhe, besuchen Sie das Jagdschloss mit dem Jagdmuseum Kranichstein und das Eisenbahnmuseum mit seinen Dampfloks in Kranichstein, rattern Sie mit dem urigen Datterich-Express durch Darmstadt.

Goldschmidts Park in Seeheim

Über Seeheim-Jugenheim, in der Nähe von Darmstadt, liegt das Hotel mit Restaurant Goldschmidts Park in einer schönen Parkanlage mit altem Baumbestand. Den heutigen Namen erhielt die Villa durch Dr. Karl Goldschmidt. Er erwarb 1913 das Anwesen mit der 1877 von Major Hahn erbauten Villa.

Von der Terrasse des Restaurants (geöffnet Do. – Sa. ab 17 Uhr, So. 10.30 – 14 Uhr Brunch, ab 14 – 18 Kaffee und Kuchen) haben die Besucher einen fantastischen Blick. Hier ist es wunderbar ruhig, die Gäste genießen die Natur, die Stille – und die hervorragende Küche des Restaurants. Die Umgebung bietet vielfältige Möglichkeiten für Spaziergänge, Wanderungen und Radtouren.

Das hübsche Hotel mit dem Restaurant liegt etwas verborgen in einem herrlichen Park, der öffentlich zugänglich ist. Auch Verlobungen und Hochzeitsfeiern werden hier zu einem besonderes Erlebnis.

Goldschmidts ist Ausgangsort für Bergstraßen-Ausflüge

Goldschmidts Park
Hotel und Restaurant
Villastraße 11
64342 Seeheim-Jugenheim

Tel. 0 62 57/96 22 66
goldschmidts-park@t-online.de
www.goldschmidt-park.de

Darmstadt – Auf dem Burgenweg nach Jugenheim

Die schöne Wanderung ist etwa 13 Kilometer lang und führt von Darmstadt-Eberstadt nach Jugenheim. Der Weg ist mit einem

Hier wurde das Monster von Frankenstein erschaffen

blauen B markiert und beginnt an der Straßenbahnhaltestelle Friedhof. Erstes Ziel ist Burg Frankenstein, erstmals 1252 erwähnt. Um die Burg Frankenstein ranken sich viele schaurig-schöne Geschichten (Burg und Restaurant: Öffnungszeiten März – Dez. Di. – So. 11 – 22 Uhr). Von hier führt der Weg vorbei an den Magnetsteinen und geht hinauf zur Burg Tannenberg von 1239. Dann geht's bergab ins Stettbacher Tal und hinauf zum Heiligenberg. Weiter führt der Weg wieder hinab nach Jugenheim. Ein Bus fährt von hier nach Darmstadt.

www.diebergstrasse.de
www.odenwaldclub.de

Heppenheim – Erlebnispfad Wein & Stein

Wie schön, während einer Wanderung alles über Wein und Weinbau zu erfahren. Start und Ziel des Erlebnispfads Wein & Stein befinden sich am Winzerbrunnen in Heppenheim an der Bergstraße. Der Erlebnispfad ist knapp sieben Kilometer lang und ein Kooperationsprojekt des UNESCO-Geoparks Bergstraße-Odenwald und der Bergsträßer Winzer eG.

An diesem Rundwanderweg durch verschiedene Weinlagen laden Ruhebänke zum Verweilen ein. An rund 70 Stationen erfahren Sie: Warum kommt Vulkanasche in den Wein? Was ist ein Rebenmuttergarten? Warum haben hier die Römer Wein angebaut? Welchem Zweck dienen die zahlreichen Bergsträßer Weinbergshäuschen?

Vielleicht haben Sie Spaß daran, Ihre Freunde zu Hause übers Internet direkt von der Steinkopf-Webcam zu grüßen.

www.weinundstein.net
www.diebergstrasse.de
www.geo-naturpark.net
www.heppenheim.de

Staatspark Fürstenlager an der Bergstraße

Der Staatspark in Bensheim-Auerbach, einst Sommerresidenz Darmstädter Großherzöge, lädt zum Wandeln in Natur und Kultur ein. Die Lindenallee führt vorbei an Rossbach, Schwanenteich und Entenweiher zum Fremden- oder Pisébau, 1810/11 für Gäste wie Dichter, Künstler und Fürsten errichtet.

Die Sehenswürdigkeiten erschließen sich dem Besucher während eines Rundwegs.

Stallbau und Kavaliersbau rechts des Wegs stammen von 1783/87. Dann haben Sie das Dörfchen erreicht. Rechts sind der Konditoreibau, das Haus des Brunnenverwalters, der Prinzenbau und andere Gebäude von 1790/92 zu sehen. Der Gesundbrunnen, eine 1739 entdeckte Heilquelle, verschlämmte schon im Jahr darauf. Rechts neben dem Brunnen erhebt sich das Herrenhaus von 1790/92.

Von hier führt ein Weg zum Rosenoval, über die Apfelallee geht's zum Champignonberg, zur Grotte, zur Eremitage und auf der Apfelallee zurück. Am Höhenweg mit seiner schönen Aussicht stehen der Ernst-Ludwig-Tempel und der Freundschaftstempel. Folgen Sie dem Weg am Rand des Parks, so gelangen Sie zur Bastion und zum Teehaus auf dem Altarberg. Eine Pappelallee und ein Weg an der Zedernwiese führen zurück zum Dörfchen.

Das Herrenhaus im Staatspark

Die Mathildenhöhe mit Hochzeitsturm und russischer Kirche

Von der Rosenhöhe zum Hochzeitsturm in Darmstadt

Ab Ende des 19. Jahrhunderts hat der Jugendstil mit seinen schwungvollen Linien und Motiven das Gesicht von Darmstadt in nur 15 Jahren verwandelt. Spazieren Sie doch einmal auf den Spuren des Jugendstils. Die Rosenhöhe befindet sich im Osten der Stadt. Hinter dem Löwentor erstreckt sich das Rosarium. Hier sind Rosenschaugärten zu bestaunen, das Blätterdach über der Terrasse, Seerosen und schließlich der Rosendom mit Beet- und Kletterrosen. Hier hinauf händchenhaltend zu spazieren, um eingehüllt in den betörenden Duft der Rosen sich Liebe zu schwören, ist ein Erlebnis der besonderen Art.

Von der Rosenhöhe führt der Olbrichweg hinüber zur Mathildenhöhe mit einem Ensemble beispielhafter Bauwerke im Jugendstil. Von weit her ist schon der Hochzeitsturm zu sehen, dessen fünf Finger in den Himmel weisen. Der über 48 Meter hohe Turm wurde zwischen 1905 und 1908 erbaut und von der Stadt zur Erinnerung an die Hochzeit des Großherzogs geschenkt. Das oberste Geschoss ist eine Aussichtsplattform (geöffnet März – Okt. Di. – So. 10 – 18 Uhr). Das Zimmer der Großherzogin, das Hochzeitszimmer, kann für Trauungen gemietet werden (Tel. 0 61 51/7 01 90 87).

Das Jagdschloss Kranichstein

Inmitten einer malerisch gestalteten Jagdlandschaft mit Wäldern, Wiesen und Teichen liegt das Jagdschloss, einer der wenigen erhaltenen Jägerhöfe in Deutschland. Zwischen 1578 und 1580 wurde es errichtet und im 17. und 18. Jahrhundert aufwändig und elegant eingerichtet. Im Museum wird die Geschichte der Jagd der Landgrafen von Hessen-Darmstadt gezeigt (geöffnet Mi. – Fr. 13 – 17 Uhr, Sa., So., Feiertage 10 – 17 Uhr).

Am über 100 Meter langen Zeughaus neben dem Schloss lohnt der Besuch des Bioversums, eines naturkundlichen Mitmachmuseums für Jung und Alt (geöffnet Di. – Fr. 11 – 17 Uhr, Sa., So., Feiert. 10 – 17 Uhr). Die zahlreichen Wege rund ums Schloss und um den Backhausteich laden zum Spazierengehen, Wandern und Radfahren ein. Für Familien ist die Jagdhistorische Pirsch konzipiert, ein 4,5 Kilometer langer Rundweg mit Erlebnisstationen rund um die Jagd.

Hotel und Museum Jagdschloss Kranichstein
Kranichsteiner Straße 261
64289 Darmstadt
Tel. 0 61 51/83 55 51 02 (Hotel)
Tel. 0 61 51/9 71 11 80 (Museum)
info@jagdschloss-kranichstein.de
www.jagdschloss-kranichstein.de

Das Jagdschloss Kranichstein mit Museum und Hotel

Eisenbahnmuseum und Deutsche Museums-Eisenbahn
Für Freunde nostalgischer Loks und anderer Schienenfahrzeuge ist ein Besuch in Kranichstein ein besonderes Vergnügen, besonders beim Dampflokfest Mitte September. Der große Ringlokschuppen von 1914 dient heute dem Eisenbahnmuseum. Nicht nur bei den Mitarbeitern des lebendigen Museums brennt das Feuer für die Eisenbahn in den Herzen, sondern auch unter den Kesseln der Lokomotiven. Nostalgische Eisenbahn-Lustfahrten führen durch Darmstadt. Einmalig in Deutschland sind die Dampfzug-Sonderfahrten auf dem Straßenbahnnetz der HEAG (Info-Tel. 0 61 51/37 76 00). Die älteste Dampflok ist von 1887.

Eisenbahnmuseum und Deutsche Museums-Eisenbahn
Steinstraße 79
64291 Darmstadt- Kranichstein
Tel. 0 61 51/37 64 01
info@bahnwelt.de
www.museumsbahn.de

Mit dem Datterich-Express durch Darmstadt
Sie möchten endlich Familie und Freunden Ihre Traumfrau/ Ihren Traummann vorstellen und zusammen ein paar vergnügliche Stunden erleben? Die nostalgische Straßenbahn von 1940, benannt nach der berühmten Lokalposse von Ernst Elias Niebergall, wurde 2012 komplett modernisiert und verspricht mit den Schattenrissfiguren der Biedermeierzeit von Hermann Pfeifer eine außergewöhnliche Stadtrundfahrt. Der Drei-Wagen-Zug verfügt über 52 Sitzplätze. Mit Catering, musikalischer Begleitung oder einer Stadtführung geben Sie Ihrer Datterich-Express-Fahrt Ihre persönliche Note.

Datterich-Express
HEAG mobilo Kundenzentrum
Luisenplatz 6
64283 Darmstadt
Tel. 0 61 51/7 09 40 00
nostalgiefahrten@heagmobilo.de
www.heagmobilo.de

Spargelradtour im Groß-Gerauer Land

Das Groß-Gerauer Land ist berühmt wegen seines Spargels, weshalb hier alljährlich zwölf Wochen lang von Ende April bis 24. Juni dem Spargel mit verschiedenen Veranstaltungen gehuldigt wird.

Nicht nur zur Spargelzeit ist das Groß-Gerauer Land ein Erlebnis

Mai und Juni gelten als besonders sonnige Tage, machen Sie deshalb in dieser Zeit zu zweit eine Fahrradtour durch das Groß-Gerauer Land. Viele Spargelbauern entlang Ihrer Radtour bieten gleichzeitig frisch gepflückte Erdbeeren an. Kaufen Sie Spargel und Erdbeeren für zu Hause oder kehren Sie in einen der zahlreichen Gasthöfe entlang der Radtour ein und genießen Sie vor Ort das gesunde Gemüse in vielfältigen Zubereitungen.

Ihre Spargelradtour beginnt an der Schleuse Gustavsburg auf dem Mainuferweg (R2) und führt nach Rüsselsheim. Beim Opelwerk schräg auf den R6. Fahren Sie durch Rüsselsheim hindurch. Am Stadtrand geht's nach rechts auf den R27, vorbei am Rand von Königstädten und durch Nauheim, vorbei an Trebur nach Astheim. Hinter Astheim radeln Sie nach rechts auf den Fernradweg R6. Über Ginsheim und Bischofsheim führt der Weg weiter nach Gustavsburg. Am Bahnhof fahren Sie auf dem R6 nach rechts, dann links den R6 verlassen. Gleich wieder rechts radeln und Sie haben R2, das Mainufer, erreicht. Auf dem Mainufer radeln Sie zurück zur Schleuse und haben eine abwechslungsreiche und kulinarische Tour, 36 Kilometer lang, durchs Groß- Gerauer Land genossen.

www.spargeltage.de

www.kreis-gross-gerau.de

Erbach und der Odenwald

Sagenhafte Erlebnisse in Stadt und Land

Die Highlights: „Die Träumerei" in Michelstadt, Trauung im Rittersaal vom Schloss Erbach, Englischer Garten Eulbach und Wellness in der Odenwaldtherme in Bad König.

Den Auftakt zur Erkundung dieser sagenumwobenen Gegend machen Sie in einem entzückenden Hotel, das die Schauspielerin Jessica Schwarz zusammen mit ihrer Schwester Sandra in Michelstadt betreibt. Kochen Sie in der Kochschule von Treuschs Schwanen mit Freunden für ein Paar. Einen der schönsten Biergärten des Landes finden Sie in Reichelsheim-Laudenau. Wandern Sie im oder ums riesige Felsenmeer, bestaunen Sie bitterböse und liebenswerte Drachen und picknicken Sie zwischen den mächtigen Mauern von Burg Rodenstein.

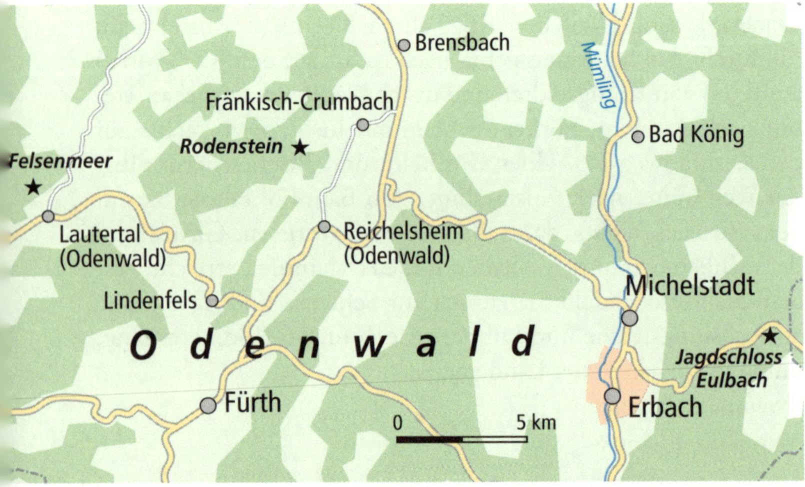

Die Träumerei in Michelstadt

Es waren einmal zwei Schwestern, die hatten einen Traum. Und diesen Traum haben sie sich 2008 mit ihrem kleinen, aber feinen Designerhotel „Die Träumerei" in Michelstadt erfüllt. Das Haus steht hier schon seit 1623. Heute schlafen und träumen die Gäste in dem Hotel von Jessica und Sandra Schwarz besonders stilvoll und höchst angenehm. Die fünf Zimmer sind individuell, liebevoll und geschmackvoll eingerichtet. Für Langschläfer gibt es das Frühstück bis 15 Uhr. Zu dem Hotel gehört auch ein entzückendes Café (geöffnet Mo. – Fr. 8 – 18 Uhr, Sa., So. 9 – 18 Uhr) mit traumhaften Kuchen und köstlichen Snacks und Suppen.

„Die Träumerei" ist ein schöner Ort zum Träumen und Lieben

Vom Hotel ist es nicht weit zu Michelstadts Sehenswürdigkeiten. Dazu gehört das berühmte Rathaus von 1484. Dahinter ragt die Stadtkirche auf, erbaut zwischen 1461 und 1537. Ein pittoreskes Ensemble historischer Bauten gruppiert sich um den Marktplatz mit seinem Marktbrunnen von 1575. Michelstadt ist ein guter Ausgangspunkt für herrliche Ausflüge in den sagenhaften Odenwald.

Die Träumerei
Obere Pfarrgasse 3
64720 Michelstadt
Tel. 0 60 61/70 33 33
designhotel@die-traeumerei.com
www.die-traeumerei.com

Treuschs Schwanen in Reichelsheim

Das Genießer-Restaurant genießt einen hervorragenden Ruf im Land. Speziell für Verliebte ist Treuschs Romantik-Dinner komponiert. Nach dem Glas Champagner erwartet die Liebenden ein Vier-Gänge-Menü. Wer mag, lässt sich überraschen – oder liest auf der persönlichen Menükarte, was gleich vom Koch liebevoll zubereitet wird.

Wollen Sie als Freunde einem Paar einen besonderen kulinarischen Abend machen, dann überraschen Sie, sechs oder mehr Freunde, die Verliebten mit einem MitKochMenü, das Sie in Treuschs Kochschule persönlich zubereiten. Am Essen selbst können bis zu 20 Personen teilnehmen.

Treuschs Schwanen
Rathausplatz 2
64385 Reichelsheim im Odenwald
Tel. 0 61 64/22 26
info@treuschs-schwanen.com
www.treuschs-schwanen.com

Gasthaus zur Freiheit in Reichelsheim

Wo gibt es einen der schönsten Biergärten, romantisch und idyllisch am Waldesrand gelegen? In Laudenau. Zu Beginn des 19. Jahrhunderts traf sich eine Odenwälder Räuberbande nach ihren Raubzügen oft in der Freiheit. Heute kehren im Gasthaus zur Freiheit (geöffnet Mi. – So. ab 11 Uhr, Febr. und März Fr. – So. ab 11 Uhr) keine Räuber mehr ein, vielmehr genießen alle Gäste die Odenwälder Küche, die selbst hergestellten Essige und die himmlische Ruhe.

Gasthaus zur Freiheit
Freiheitsstraße 20
64385 Reichelsheim-Laudenau
Tel. 0 61 64/10 32
gasthaus@zurfreiheit.de
www.zurfreiheit.de

Das Felsenmeer in Lautertal

Das berühmte Felsenmeer (geöffnet tägl. 10 – 16/17 Uhr) im Odenwald besteht aus großen widerstandsfähigen Granitblöcken. Ihren Ursprung hatten sie vor etwa 340 Millionen Jahren beim Zusammenstoß zweier Kontinente. Seit der Eiszeit haben sie der viele tausend Jahre währenden Verwitterung standgehalten – oder waren zwei streitende Riesen die Verursacher, die sich mit den Steinblöcken bewarfen, bis einer darunter begraben wurde? Eine andere Sage erzählt von Siegfried, der dort, wo munter klares Wasser aus dem Stein sprudelt, vom finsteren Hagen erschlagen wurde. Andere Siegfriedquellen im Odenwald beanspruchen ebenfalls, Schauplatz dieser Missetat zu sein.

Ganz sportliche Besucher klettern über die mächtigen Felsblöcke nach oben. Es gibt jedoch auch schöne Wanderwege. Beachtlich ist die fast zehn Meter lange steinerne Riesensäule, die um das Jahr 250 von römischen Steinmetzen hergestellt wurde. Auf dem geologisch-historischen Lehrpfad befinden sich weitere 327 Steine, die unter Denkmalschutz stehen, wie der Altarstein, die Pyramide, das Schiff und natürliche Formen wie das Krokodil und der Riesensessel.

Unter dem Felsenmeer könnte ein Riese begraben liegen

Beim Riesensarg, einem gigantischen Granitblock, folgen Sie dem Hinweis zum Ohlyturm auf dem 514 Meter hohen Felsberg. Der Turm ist 27 Meter hoch und ein Kulturdenkmal. Gebäudeschäden lassen einen Besuch des Turms noch nicht zu.

Felsenmeer-Informations-zentrum
Seifenwiesenweg 59
64686 Lautertal

Tel. 0 62 54/94 01 60
information@felsenmeer.eu
www.felsenmeer-informationszentrum.de

Schloss Erbach, Museum und Ort für Hochzeiten

Das Erbacher Schloss

Das Schloss war im 12. Jahrhundert eine Wasserburg, die auf einer Insel in der Mümling stand. Aus dieser Zeit stammt auch der mächtige, 67 Meter hohe Bergfried. Im 18. Jahrhundert wurden die Nebenarme der Mümling zugeschüttet und 1902 erhielt das Schloss sein heutiges Aussehen.

Schloss und Schlosshof sind Orte vielfältiger Veranstaltungen, erlebenswert sind interessante Führungen durch die Gräflichen Sammlungen (Rittersaal, Gewehrkammer, Hirschgalerie, römisches und chinesisches Zimmer; Führungen März – Okt. Mo. – Fr. 11, 14, 16 Uhr, Sa., So., Feiert. 11, 14, 15, 16 Uhr).

Wie wäre es mit einer standesamtlichen Trauung in einem außergewöhnlichen Ambiente? Nach der Zeremonie im Rittersaal oder in der Hirschgalerie des Schlosses gibt es einen Sektempfang im Schlosshof (Tel. 0 60 62/80 93 60).

Machen Sie mit Ihren Gästen anlässlich Ihrer Hochzeit in Erbach eine kulinarische Führung durch die Gräflichen Sammlungen im Schloss. Während dieser Tour genießen Sie Odenwälder Wein und Mulsum, den römischen Honigwein.

Schloss Erbach
Marktplatz 7
64711 Erbach im Odenwald

Tel. 0 60 62/80 90 60
info@schloss-erbach.de
www.schloss-erbach.de

Der Englische Garten Eulbach

In Eulbach, östlich von Michelstadt, ließ sich einst ein Erbacher Graf einen paradiesischen Landschaftspark nach der damaligen Mode als Englischen Garten errichten (geöffnet tägl. 9 – 18 Uhr). Rüstige Wandersleut erreichen den Park nach gut sieben Kilometern von Michelstadt aus. Der Garten erstreckt sich links der B47 Richtung Amorbach. Im Englischen Garten wurden Bauwerke aus Steinen vom Limes aus dem Odenwald und aus dem Römerkastell Würzberg errichtet. Die romantische Eberhardsburg wurde schon damals als Ruine erbaut. Bäume aus aller Welt gedeihen hier, in den Wildgehegen tummeln sich Wild und urtümliche Wisente. Bei einem gemütlichen Spaziergang Hand in Hand um einen der drei Teiche lässt es sich sehr schön über die Zukunft nachdenken.

Die Kapelle auf einer Insel im Englischen Garten Eulbach

Das Drachenmuseum in Lindenfels

Sagen berichten uns von bitterbösen, furchteinflößenden, aber auch entzückenden Drachen, die einst im Odenwald hausten. Im Deutschen Drachenmuseum (geöffnet Apr. – Okt. Sa., So., Feiert. 14 – 18 Uhr, Nov. – März bis 17 Uhr) sind sie alle zu bestaunen. Ein Kunstpfad mit Drachenskulpturen befindet sich zwischen dem Bürgerturm aus dem 14. Jahrhundert und dem Drachenmuseum.

Dieser Drache ist groß, bunt und harmlos

Deutsches Drachenmuseum
In der Stadt 2
64678 Lindenfels
Tel. 0 62 55/40 71
info@deutsches-drachenmuseum.de
www.deutsches-drachenmuseum.de

Die Odenwald-Therme in Bad König

Die mediterrane Architektur der Odenwaldtherme (geöffnet So. – Do., Feiert. 9 – 22 Uhr, Fr., Sa. 9 – 23 Uhr) entführt die Besucher in eine lichtdurchflutete Welt voller Wärme und wohltuender Wasser. Die mineralische Zusammensetzung des Thermalwassers, seine angenehme und anregende Temperatur in einem an die Toskana erinnernden Ambiente sorgen für ein herrliches Wohlgefühl. Zur Therme gehören Innen- und Außenbecken, Wildwasserkanal, eine Meersalzgrotte und ein Restaurant mit feiner leichter Küche. Außerdem eine großartige Sauna-Landschaft mit einem Sauna-Restaurant mit Kamin. Zu den Veranstaltungen gehören beispielsweise eine spanische Saunanacht mit spanischer Musik und landestypischen Spezialitäten.

Wellness zu zweit ist doppelt schön

Bei einem kleinen Entspannungsurlaub zu zweit können Sie im Landhotel Büchner (Frankfurter Straße 6, Tel. 0 60 63-5 00 50, info@hotel-buechner.de, www.hotel-buechner.de) ein Wochenende verbringen mit Candlelight-Dinner, Wellness im Hotel und einer Tageskarte für die Odenwald-Therme. Golfplätze liegen fünf bis 15 Kilometer vom Hotel entfernt.

Odenwald-Therme
Elisabethstraße 13
64732 Bad König im Odenwald
Tel. 0 60 63/5 78 50
kurgesellschaft@badkoenig.de
www.odenwald-therme.de

Wo einst der wilde Rodensteiner hauste, steht eine mächtige Ruine

Die Burg Rodenstein in Fränkisch-Crumbach

Die Herren von Crumbach und Rodenstein erbauten auf einem bewaldeten Hügel um 1240 eine Burg. Im 17. Jahrhundert starb die Familie der Rodensteiner an der Pest. Die mächtige Festung wurde ruiniert; die Bewohner der umliegenden Dörfer benutzten die Burg als Steinbruch und verwendeten die Steine zum Bau ihrer Häuser. Seit dem 19. Jahrhundert ist die große Ruine ein beliebtes Ausflugsziel und ein romantisches Fleckchen, um hier innerhalb des alten Gemäuers ein lustvolles Picknick zu veranstalten. Und wenn Sie keinen Picknickkorb mit dabeihaben, kehren Sie ein ins idyllisch gelegene Landgasthaus „Hofgut Rodenstein" (geöffnet Mai – Okt Do. 15 – 23 Uhr, Fr., Sa. 11 – 19 Uhr, So. 11 – 21 Uhr) unterhalb der Burgruine. Hier lässt es sich übrigens auch sehr romantisch Hochzeit feiern.

Angeregt von den mächtigen Mauern und den Sagen um den wilden Rodensteiner schrieb der Dichter Viktor Scheffel (1826 bis 1886) seine Rodensteiner Lieder. Werner Bergengruen (1892 bis1964) verfasste „Das Buch Rodenstein". An beide Dichter erinnert eine Gedenktafel, und um die Burgruine herum führt ein etwa einen Kilometer langer literarischer Rundweg, der Rodensteiner Dichterweg mit acht Stationen.

Burgruine Rodenstein
64405 Fränkisch-Crumbach

www.fraenkisch-crumbach.de
www.hofgut-rodenstein.de

Hirschhorn und Heidelberg

Burgen und Schlösser am Neckarfluss

Die Highlights: Schlosshotel Hirschhorn, Schloss Zwingenberg und die malerische Wolfsschlucht, eine schaurig-schöne Liebesgeschichte und Heidelberg mit seinem berühmten Schloss.

Die Landschaft rechts und links des Neckars ist von einer unbeschreiblichen Lieblichkeit und Vielfältigkeit. Übernachten Sie im historischen Schlosshotel Hirschhorn. Von hier radeln oder wandern Sie am Neckar entlang bis Neckargemünd. Zurück geht's wieder mit dem Rad, zu Fuß oder mit der Bahn oder mit einem der schmucken Neckarschiffe. Erkunden Sie Hirschhorns Altstadt doch einmal mit dem Segway, einem außergewöhnlichen Fortbewegungsmittel. Besuchen Sie Heidelberg und flanieren Sie den Philosophenweg entlang.

Über Stadt und Fluss thront Schloss Hirschhorn

Das Schlosshotel in Hirschhorn

Auf einem Bergsporn hoch über dem Neckartal thront das Schloss, das im 16./17. Jahrhundert aus einer Burg des 12. Jahrhunderts entstanden ist. Heute finden die Besucher hier ein ausgezeichnetes Hotel mit liebevoll eingerichteten Zimmern und ein Restaurant (geöffnet Di. – So., Feiert. 11.30 – 22 Uhr, Mo. und Tag nach Feiert. Ruhetag) mit schöner Terrasse vor. Der Blick über das Neckartal ist unbeschreiblich schön.

Vom Schlosshotel lässt sich die herrliche Umgebung mit ihren Burgen und Schlössern mit dem Auto, zu Fuß oder mit dem Fahrrad erkunden. Auch sollten Sie durch die romantische Altstadt von Hirschhorn bummeln oder mit dem Segway rollen.

Das Schloss ist selbstverständlich auch ein ganz besonderer Ort, um hier eine romantische Hochzeit zu feiern. In der Burgkapelle ist sogar die standesamtliche Trauung möglich.

Schloss Hirschhorn
Hotel und Restaurant
Schlossstraße 39-45
69434 Hirschhorn
Tel. 0 62 72/9 20 90
info@schlosshotel-hirschhorn.de
www.schlosshotel-hirschhorn.de

Eine traurige Liebesgeschichte

Während Sie auf Schloss Hirschhorn romantische Tage und Nächte erleben und Ihr Glück genießen, war vor langer Zeit nicht allen Liebenden das Glück hold.

Es ist schon sehr, sehr lange her, da verliebte sich der Sohn des Ritters von Handschuhsheim in die Tochter des Schlossherrn von Hirschhorn. Die Väter hassten einander und verboten ihren Kindern die Liebe. Als den Liebenden eines Tages ein Knabe geboren wurde, verhängten die Herren fürchterliche Strafen. Die junge Mutter wurde lebendig im Schloss Hirschhorn und der junge Vater in der Burg von Handschuhsheim eingemauert. Das Kind legte man armen Leuten vor die Tür; sie zogen den Jungen in Barmherzigkeit groß und nannten ihn Leonhard. Später erfuhr er, wer seine Eltern waren. Er zog sich zurück und lebte fortan in Einsamkeit.

Im Jahr 1770 entdeckte man in den Ruinen der Burg Handschuhsheim das Skelett eines Ritters in goldverzierter Rüstung und später in Schloss Hirschhorn die Gebeine einer Frau.

Hinter der einstigen Zwingburg verläuft die Wolfsschlucht

Schloss Zwingenberg, die Wolfsschlucht und der „Freischütz"

Die beeindruckende Anlage liegt direkt an der B37. Sie wurde im 13. Jahrhundert als Burg errichtet, um von den Händlern auf der Straße und auf dem Fluss Zoll zu erzwingen. 1364 wurde das Raubritternest im Namen von Kaiser und Reich von den vereinigten Pfälzern und Württembergern erobert und zerstört. Später entstand hier das Schloss. Seit 1808 ist es in Markgräflich Badischem Familienbesitz und wird heute von Prinz Ludwig von Baden und seiner Familie bewohnt. Die Schlosskapelle steht für eine romantische Trauung zur Verfügung. Und jedes Jahr im September findet ein Garten- und Pflanzenmarkt im historisch-romantischen Ambiente statt.

Durch die Anlage werden nach Anmeldung Führungen auch für Paare durchgeführt (Mindestgebühr 50 Euro). Für Besucher der „Zwingenberger Schlossfestspiele", die von Mitte Juni bis Ende August stattfinden, öffnen sich die Tore zum Burghof. Die Aufführung des „Freischütz" von Carl Maria von Weber darf nicht fehlen. Vielleicht hat sich der Komponist 1810 auf Schloss Zwingenberg aufgehalten und sich von der tiefen Wolfsschlucht hinter dem Schloss, übrigens ein abwechslungsreicher Wanderweg bergauf, zum „Freischütz" inspirieren lassen.

Schloss Zwingenberg
Markgräflich Badisches Forstamt
Schlossstraße 1
69439 Zwingenberg

Tel. 0 62 63/41 10 10
beate.koch@schloss-zwingenberg.de
www.schloss-zwingenberg.de

Heidelberger Schloss, Altstadt und Philosophenweg

Wer sich aufmacht, Heidelberg am Neckar zu besuchen, muss natürlich auch ins berühmte Schloss (geöffnet täglich 8 – 18 Uhr, die Innenräume sind nur mit einer Führung zu besichtigen). Tagsüber tummeln sich hier ungezählte Menschen. Vielleicht finden Sie aber ein wenig Ruhe im Schlossgarten.

www.schloss-heidelberg.de

Ein romantischer Altstadtbummel durch die geschichtsträchtigen Gassen mit den zahlreichen kleinen Geschäften, Cafés und traditionsreichen Weinstuben gehört ebenso zu einem Besuch von Heidelberg wie ein Spaziergang auf dem Philosophenweg.

Die kleine, drei Kilometer lange Wanderung beginnt östlich der Theodor-Heuss-Brücke auf Höhe des Restaurantschiffs. Der Philosophenweg führt über den Schlangenweg steil bergan.

Schloss Heidelberg ist einen Ausflug vom hessischen Hirschhorn ins Baden-Württembergische wert

Wegen seiner steilen Lage gilt dieser Ort als der wärmste in Deutschland. Auch wenn der Aufstieg mühsam erscheint, die vielen grandiosen Ausblicke entschädigen für die Anstrengung. Am Merianausblick laden Bänke zum Verweilen ein – und der Blick schweift hinüber zum Schloss und auf die Stadt. Wegen des mediterranen Klimas gedeihen entlang des Wegs exotische Stauden, Sträucher und Bäume. Ebenfalls zum Verweilen lädt das Philosophengärtlein mit seiner vielfältigen Bepflanzung ein.

Das Heidelberger Schloss wird jeweils an einem Tag ab etwa 22 Uhr in den Monaten Juni, Juli und September in wunderbares Licht getaucht. Das Lichtspektakel wird gekrönt durch ein funkelndes Feuerwerk, zu bestaunen am besten vom Neckarufer oder vom Philosophenweg aus.

www.heidelberg-event.com

Bildnachweis

Alter Bahnhof, Gemünden/ Foto: Erich Stuhlmann 110
Arbeit und Bildung, Marburg 111
Bad Hersfeld Tourist-Information 63, 66
Bad Sooden-Allendorf Tourist-Information/Foto: C. Dahlmann 77
Bebra Stadtentwicklung GmbH 68
Botanischer Garten Gießen/Foto: H. Laake 117
Burg-Mühle, Gelnhausen 40
Darmstadt Marketing/Foto: Alex Matthias 158
Deutsche Lufthansa Berlin-Stiftung/Foto: Andy Jacobs 29
Dornröschenschloss Sababurg/Foto: Familie Koseck 87, 88
F. Emberger (rhoen.de) 58
Eschwege-Meinhard-Wanfried Tourist-Information 75
Felsenmeer, Lautertal/Foto: Alfred Hogen 165
Flair Hotel Goldflair, Korbach 100
Funmobi, Melsungen 97
Gerbermühle, Frankfurt am Main 10
Göbels Schlosshotel, Friedewald 67
Goldener Karpfen, Fulda/Foto: cre art 55
Goldschmidts, Seeheim-Jugenheim 155
Haus der Romantik, Marburg/Foto: Anton Lyubimov 109
Heidinger (rhoen.de) 60
Helden am Herd 18
Hessencourrier, Kassel/Foto: Philipp Donth 85
Hotel Burg Trendelburg 91
Hotel Hofgut Georgenthal, Hohenstein 137
Hotel Schloss Romrod 47
Hotel Nassau-Oranien, Hadamar/fotostudio Karl 121
Hotel Schloss Waldeck 95
Hotel Thermalis, Bad Hersfeld 64
King Kamehameha Beach Club/Foto: Benny Knabe 27
Kletterwald Neroberg, Wiesbaden 142
krenzers rhön, Ehrenberg-Seiferts 56
Kurbad Therme, Bad Hersfeld 65
Lahn-Taunus-Touristik e. V., Bad Ems 123
Landhaus Bärenmühle, Ellershausen 102
Landhaus-Hotel Waitz, Mühlheim-Lämmerspiel 22
Lauterbach-Vogelsberg/Foto: Ralf Fuchs 49
Main-BBQ 17
Mattiaqua, Wiesbaden 140
Arnulf Müller (rhoen.de) 2, 57
Naturpark Meißner-KaufungerWald/ Foto: Hanna Wallbraun 73; Foto: Marco Lenarduzzi 74
Naturpark Hotel Weilquelle, Schmitten 130
Naturparkzentrum Habichtswald/Foto: Rainer Kaufhold 84
Odenwald-Therme, Bad König 168
Barbara Pommerening/artix & unartix, Offenbach am Main 28
Manfred Helfrich
Poppenhausen (Wasserkuppe) 61
Das Portrait, Frankfurt am Main 19
Schloss Hirschhorn/Foto: Udo Glaser 171
Schloss Zwingenberg 172
Schlosshotel Bad Wilhelmshöhe 80
Schloss-Hotel Braunfels 113
Schlosshotel Rettershof, Kelkheim 138
Schloss Hotel Wolfsbrunnen, Meinhard 71
Segwalk Tours & Events, Königstein/Foto: Sabine Gröppel 151
Stadt Kassel/Foto: Elke Bremer 81; 82; Foto: Internetredaktion 83
Stadtmuseum Hofheim am Taunus 143
Die Träumerei, Michelstadt/Foto: Roman Kuhn 163
Tree Top Walk, Edertal-Hemfurth 99
Gerasimos Tsironas, Frankfurt am Main 34
Eberhard Urban 2, 13, 14, 16, 9, 23, 24, 25, 26, 31, 33, 35, 36, 37, 39, 41, 42, 43, 44, 45, 48, 50, 51, 106, 108, 115, 118, 119, 122, 125, 126131, 133, 141, 145, 147, 149, 150, 152, 153, 156, 157, 161, 166, 167, 169, 174
Vila Vita Hotel Rosenpark, Marburg 105
Villa Kennedy, Frankfurt am Main 12
Villa Stokkum, Hanau-Steinheim 32
Vogelsbergdorf 53
WasserFest, Limburg 124
Welcome Hotel, Bad Arolsen 101
Weser.Skywalk/Foto: Frank Grawe 89
Wesertherme 90

Autoren

Kristiane Müller-Urban war Redakteurin einer wissenschaftlichen Zeitschrift, Lektorin für Sachbücher, arbeitete an der Hochschule für Gestaltung in Offenbach am Main, bevor sie sich als freie Autorin selbstständig machte. Inzwischen hat sie über hundert Bücher veröffentlicht.

Eberhard Urban war Buchhändler und in vielen Funktionen in verschiedenen Verlagen tätig. Seit vielen Jahren arbeitet er als Autor und hat – zum Teil zusammen mit Kristiane Müller-Urban – eine Fülle von Büchern veröffentlicht.